政协新媒体发展观察（2022）

人民政协网　编

中国文史出版社

编委会

序 言

卞晋平

中共十八大以来，党中央协同推进选举民主和协商民主，使选举民主和协商民主这两种重要民主形式更好结合起来，构建起覆盖960多万平方公里土地、14亿多人民、56个民族的民主体系，实现了最广大人民的广泛持续参与。我国这种全过程人民民主，把民主选举、民主协商、民主决策、民主管理、民主监督结合起来，涵盖经济、政治、文化、社会、生态各个方面，包括国家发展大事、社会治理难事、百姓日常琐事，具有时间上的连续性、内容上的整体性、运行上的协同性、人民参与上的广泛性和持续性，使国家政治生活和社会生活各环节各方面都能体现人民意愿，听到人民声音，是全链条、全方位、全覆盖的民主，是最广泛最真实最管用的社会主义民主。

在这个完整、科学的制度体系中，人民政协制度是起重要梁柱作用的基本政治制度之一。随着新时代中国特色社会主义民主建设的不断推进，我国协商民主和人民政协制度也发展到一个新的阶段，形成了广泛多层制度化的协商民主体系。新时代的协商民主，不只是部分人的协商，也不只是哪些层级的协商，而是全社会和全体人民共享的广泛民主权利；在继续坚持和发展专门协商机构政治协商的同时，构建起包括多种形式、多条渠道的民主协商机制，凡是涉及人民群众利益的事情都要协商；协商民主工作重心下移，基层协商成为工作重点，协商民主在基层得到前所未有的蓬勃发展。

我国协商民主的本质是人民当家作主，实现好、维护好、发展好最广大人民的根本利益。在这方面，我们的新闻宣传战线承担着重要的责任，可以发挥重要的作用。近些年来，全国政协及各级地方政协不仅为推动传统媒体与新兴媒体融合发展建言议政，而且努力创新勇于实践，推动自身所属传统媒体与新兴媒体融合发展，发挥两者优势，调动两个方面的积极性，为社会主义事业服务，为发展社会主义协商民主服务，取得了丰硕的成果。

包括网络新媒体在内的人民政协新闻传媒，在发展我国协商民主、统一战线和人民政协事业中具有十分重要的作用。它是人民政协联系各界委员和广大人民群众的纽带和桥梁，是人民政协一刻也不脱离群众，识民情、接地气，服务群众利益，了解群众期盼，倾听群众呼声，反映群众愿望，关心群众疾苦，把最广大人民根本利益作为一切工作出发点和落脚点的重要实现条件；它是各级政协组织、各界政协委员和广大人民群众有序参与国事、表达意愿诉求、实行民主监督以及化解社会矛盾的一条重要渠道；它是使党和国家关于统一战线与人民政协的方针政策、工作任务和工作方法，迅速而广泛地同群众见面，为广大群众所了解、认同、拥护与支持的重要途径，有利于各界群众认识到党和国家的方针政策和自身利益的一致性，从而团结起来为人民群众自己的利益共同奋斗。人民政协新媒体的这些作用，在《政协新媒体发展观察（2022）》一书中反映得很充分，思路和脉络十分清晰。

近年来，人民政协网作为全国政协所属新媒体，以其特有的生机与活力，显示出富有时代特色的新媒体的绚丽风采。它读者面广大，参与者众多，影响范围宽阔，报道信息海量，更加贴近基层、贴近群众、贴近实际，成为贯彻中央精神推动政协工作的重要抓手。人民政协网声量大数据平台对近些年来有关网站的数据统计显示，涉及政协工作的信息量呈现出逐年递增趋势，仅2021年就比上一年提升了约17.35%，达到1811万多条。与此同时，人民政协报和人民政协网等全国和地方政协媒体对政协工作的报道和研究也在日益深化。比如，2020年，人民政协报和人民政协网对全国省级、副省级、地市级政协的新闻宣传相关数据进行收录和分析，系统总结政协年度声量特点、新闻传播趋势并提出研判与建议。2021年他们根据对各地政协委员工作室（站）的新闻报道数据，研究分析政协委员工作室（站）的建设模式与成效，深入挖掘政协委员工作室（站）的政务价值，并召开线下座谈会，邀请地方政协交流工作中的创新探索与实践经验，用生动活泼的案例展示基层政协工作的创造性与活力，推进基层政协工作的开拓与创新。他们还积极贯彻党中央关于加强基层协商工作的要求，进一步增强对区县政协新闻报道的力度，同时及时进行数据采集与分析，解读基层政协网络新媒体建设实践中的工作亮点，并从热点提案、政协网络声量、传播平台和热词分析等多角度展现地方政协网络新媒体建设的新局面。

现在，加强网络新媒体建设已成为各地政协的重点工作之一。许多地方政协运用网络新媒体，着力讲好我们党治国理政的故事、人民政协履职尽责的故事、各界人士团结合作的故事，有主导、有重点、有层次地开展思想政治引领工作；许多地方政协不断强化阵地意识，建强传播平台，善用独特资源，注重发挥好政协新闻舆论的独特功能；许多地方政协积极推动媒体融合建设，创新体制机制，探索通过电视、广播、客户端、网站、微信公众号、视频号等全媒体平台，将民主协商过程与协商成果进行全方位、多层次、立体化的展示宣传；许多地方政协通过网络新媒体，深耕协商品牌建设，打造“委员听民意”“政协e事厅”“委员讲堂”“吉思广益”“有事来商量”“委员问政”“请您来协商”“泉城商量”等特色协商品牌。这些协商品牌，把握群众脉搏，回应群众关切，获得群众呼应，在当地产生了重要的影响。

当前，我国网民规模已突破10亿，其中6岁至18岁未成年人网民达1.8亿，未成年人互联网普及率达94.9%（参见国务院新闻办公室发布的《新时代的中国青年》白皮书）。同时，网络新媒体仍处在一个高速发展阶段，继续保持强劲的发展张力。在这样的情况下，人民政协理应更好地发挥自己统一战线组织和专门协商机构的作用，更加充分地运用好网络传媒等新的科技手段，进一步发挥人才优势，盘活网络资源，打造舆论主阵地，带动和引领各界别、各阶层、各民族乃至各年龄段的群众同频共振，携手共绘奋进新征程的最大同心圆。

《人民政协报》和人民政协网，分别作为中央主要新闻媒体之一和中央重点新闻网站之一，都是全国政协所属的新闻传媒。长期以来，他们坚持正确的政治方向，正确的舆论导向和价值取向，生动讲述政协故事、统战故事、委员故事，反映政协工作和委员风采，不断提高政协声音的传播力、感染力和影响力。他们还围绕全国政协的工作部署，对全国政协和各级地方政协的新闻宣传相关数据进行收集、整理、分析和研判。这本《政协新媒体发展观察（2022）》就是《人民政协报》、人民政协网基于近一年最新数据，对政协网络新媒体发展的全方位观察。通过本书，可以感受到全过程人民民主及人民政协协商民主的中国特色与魅力，也可以感受到人民政协在新闻宣传及网络新媒体建设方面的努力与成果，从而对于各级政协及各界委员如何通过新闻媒体更好地履行职责产生某些有益的启示。

今年是极不平凡的一年。我们要深入学习贯彻习近平总书记关于加强和改进人民政协工作的重要思想，切实增强人民政协新闻宣传的时代性、针对性、时效性，建设好主阵地，运用好话语权，继续讲好人民政协故事，加强思想政治引领，广泛凝聚正能量，以实际行动迎接中共二十大胜利召开。

2022 年 6 月 6 日

（作者系全国政协原副秘书长、全国政协原文史和学习委员会驻会副主任）

目 录

2022 年政协宣传热点展望

专家解读

典型案例

台前幕后

地方政协新媒体影响力报告

概　述

一、概　况

基于人民政协网声量大数据平台对2021年1月1日至12月31日全网[1]有关“政协”的信息进行采集、整理、归纳与分析，发现相关信息约1811.02万条，相较于2020年（1543.29万条）信息量提升约17.35%，且信息量呈逐年递增趋势。从数据表现来看，2021年有关政协的信息量整体较为平稳，信息量走势在全国两会期间达到最高点。新闻客户端、微信公众号、新闻网站和新浪微博依旧是信息传播量最多的平台。政协会议活动、政协委员提案、委员履职工作等成为媒体报道较多的话题；政协委员提案、政协会议、政协工作等是网民关注度较高的话题。整体来看，网民关于政协的正面情绪占主导地位。结合2022年两会热词以及中央重点工作，今年宣传热点涉及迎接党的二十大胜利召开、政协会议、经济发展、社会民生、环境生态、科技创新、港澳台侨等方面。

1 全网数据采集覆盖新闻网站、新闻客户端、数字报等媒体类平台，以及微博、微信公众号、视频等其他社交类平台。

二、价值和意义

人民政协以协商聚共识、以共识固团结，彰显了全过程人民民主的价值理念，研究人民政协的履职情况、宣传亮点以及民众期待，对今后政协工作的开展具有积极意义。本报告通过对国内有关人民政协的传播数据进行统计，并基于各地政协的中央媒体宣传报道、新闻转发、微信新媒体建设情况，以加权计算的方法得出相应指数排名，并具体分析其宣传工作亮点，以期为各地政协工作提供参考和借鉴。

为使指数排名更具科学性、权威性、专业性和公平性，人民政协网依托大数据技术对有关数据进行采集和分析，对全国各地政协的中央媒体报道情况和微信新媒体建设情况进行统计得出相应排名，相关指数及计算公式由北京航空航天大学、北京理工大学、中国传媒大学相关专家学者参与研究制定，本报告具有以下两个突出特点：

一是与上年度报告对比，新增区县级政协排行与分析，在横向对比中丰富了报告内容。区县级政协身处基层，在推进国家治理特别是基层社会治理过程中既是推动者又是实践者。通过对区县级政协的数据分析，可以看到区县级政协在密切联系群众，了解和反映人民群众特别是基层群众的愿望和要求上具有天然优势。人民政协作为专门协商机构，通过强化政协职能在社会治理中的作用、扩大政协委员的广泛参与度，通过有效沟通达成共识，以协商方式解决问题，有利于培养群众协商意识和协商能力，大力培育协商文化，积极探索实践全过程人民民主。

二是基于历年数据进行对比分析，从客观上纵向呈现人民政协近年来的工作成效与作为专门协商机构的独特优势，力求准确、全面地阐述政协新闻宣传现状，并通过信息研判提出有效建议。党的十八大以来，中共中央先后印发《关于加强社会主义协商民主建设的意见》《关于加强人民政协协商民主建设的实施意见》《关于加强和改进人民政协民主监督工作的意见》《关于加强新时代人民政协党的建设工作的若干意见》《中国共产党政治协商工作条例》等重要文件，对新时代政协工作作出制度安排。人民政协在贯彻落实过程中不断完善工作机制、创新履职形式，探索运用网络议政、远程协商等新形式，提高协商实效；不断健全从党内到党外、从委员到群众，具有政协特色的凝聚共识工作格局；深入开展委员读书活动，全国政协引领，地方政协共同参与，线上线下协同推进，读书履职相结合，以“书香政协”助推“书香社会”建设；着力培育协商文化，打造协商品牌，激发政协委员履职热情，促使凝聚共识效能不断提升，以新的思路理念、新的探索实践，开创人民政协事业发展的新局面。为此，本报告圈定政协新媒体发展观察的数据来源，通过大数据计算和案例分析直观呈现政协新媒体发展过程中的客观规律，梳理近一年来全国各地政协工作的创新成果，为传播政协声音、续写政协新媒体建设和传统媒体融合传播的新篇章贡献力量。

数据来源及分析方法

一、数据来源

全国地方政协新媒体影响力排行榜数据来源分为两类：一是自有数据。如《人民政协报》、人民政协网、各地报送的新闻信息等。二是公网数据。包含新闻网站、新闻客户端、数字报、微博、微信及短视频平台。通过大数据搜索和语义分析从采集数据信息中梳理出与“政协”相关的新闻信息，这些新闻信息覆盖全国各地政协。

排行榜指数评估采用层次分析法进行处理，这是一种面向复杂系统的定性定量相结合的决策分析方法，多用于评价指标体系研究和方案排序中。对本指标体系中多个维度性质不同、口径不统一的问题，采用了统计学中的“归一化”方法，对新闻报道中的负面信息，利用情感识别技术予以删除，力求对每个细化指标进行全面分析并统一标准量化，加权计算获得最终排名。

二、指标体系

指标体系主要从新闻的传播力和影响力两方面进行衡量，由四个一级指标、七个二级指标构成。四个一级指标包括：中央新闻网站报道量、中央媒体报道量、地方政协新闻转载量和地方政协微信公众号影响力指数。

其中，中央新闻网站和中央媒体是按照国家网信办公布的最新版《互联网新闻信息稿源单位名单》进行归类。在一级指标的基础上又将中央媒体报道分为数字报和客户端 App 进行分类统计，而地方政协微信公众号则从总阅读数、最大阅读数和篇均阅读数进行分类统计，最终形成七个二级指标参数。

表 1　指标体系及参数值

	一级指标	二级指标
传播力指标	中央媒体单位报道量	数字报报道条数
		App 报道条数
	中央新闻网站报道量	报道条数
	全网地方政协新闻转载量	转载条数
影响力指标	地方政协微信公众号影响力	总阅读数
		最大阅读数
		篇均阅读数

三、公式说明

公式：

$$R_j = \sum_{i}^{7}\left(K_i \times \frac{\ln\left(x_{ij}+1\right)-\ln\left(x_i^{min}+1\right)}{\ln\left(x_i^{max}+1\right)-\ln\left(x_i^{min}+1\right)}\right)$$

说明：

K_i 为各项权重指标；

x_{ij} 为分项指标下的具体值；

x_i^{max}，x_i^{min} 为 i 指标下最大值和最小值。

地方各级政协新媒体影响力排行榜

一、省级政协排行分析

中国人民政治协商会议是社会主义协商民主的重要渠道和专门协商机构，也是国家治理体系的重要组成部分。其中，省级政协对新媒体发展也有着更加深入的认知，其汇聚各界高端人才、掌握较为丰富的媒体资源和工作经验，对国家发展战略与中央政策有着更加直接深入的了解，也更能结合当下民生热点、地方发展特点，针对性发展各省级政协网络媒体影响力，借助网络新媒体促进政协事业及地方社会发展。

按照国家统计局《东中西部和东北地区划分方法》[1]，对上榜省级政协进行地区划分可知，东中西部和东北地区分别有九、四、六、一家省级政协上榜。对比各地区省级政协上榜率可以发现，东北、西部、中部、东部地区上榜率呈上升趋势，东部地区上榜率高达90%，再结合各地区的经济发展水平，可知地区经济发展水平与省级政协的网络新媒体影响力在一定程度上具有正相关特点。

对比同等划分标准下的2020年和2021年省级政协数据（东中西部和

1 东部包括：北京、天津、河北、上海、江苏、浙江、福建、山东、广东和海南。
中部包括：山西、安徽、江西、河南、湖北和湖南。
西部包括：内蒙古、广西、重庆、四川、贵州、云南、西藏、陕西、甘肃、青海、宁夏和新疆。
东北包括：辽宁、吉林和黑龙江。

表 2　省级政协网络新媒体影响力排行

排行	省级政协	所属区域	中央新闻网站报道指数	中央媒体报道指数	新闻转载指数	微信公众号影响力指数	总分
1	北京市政协	东部	100.00	90.71	79.72	77.30	74.48
2	湖南省政协	中部	88.19	79.12	100.00	89.08	73.45
3	上海市政协	东部	95.24	92.23	80.79	70.39	72.41
4	浙江省政协	东部	68.60	63.28	58.84	100.00	61.29
5	河南省政协	中部	69.26	79.17	54.83	80.86	61.19
6	江苏省政协	东部	63.58	65.57	52.04	80.99	55.92
7	福建省政协	东部	65.02	64.05	58.68	72.72	55.10
8	广东省政协	东部	56.11	73.09	51.39	76.85	55.02
9	四川省政协	西部	65.51	60.07	60.53	75.23	54.94
10	安徽省政协	中部	62.33	61.14	62.80	75.81	54.81
11	甘肃省政协	西部	51.78	42.59	79.12	74.04	49.10
12	山东省政协	东部	42.46	58.75	45.74	85.86	48.94
13	陕西省政协	西部	42.04	55.35	42.16	92.85	48.90
14	广西壮族自治区政协	西部	55.72	53.78	39.01	76.08	48.24
15	贵州省政协	西部	55.19	40.44	63.46	73.17	47.24
16	重庆市政协	西部	49.48	64.07	38.22	61.54	46.27
17	江西省政协	中部	43.55	48.70	41.66	79.21	44.79
18	天津市政协	东部	45.58	48.62	35.70	74.59	43.60
19	辽宁省政协	东北	30.02	33.07	65.80	81.50	40.87
20	海南省政协	东部	32.23	50.16	44.16	68.78	40.50

表 3　各地区省级政协网络新媒体影响力指数均分

所属区域	中央新闻网站报道指数	中央媒体报道指数	新闻转载指数	微信公众号影响力指数	总分
东部	63.20	67.39	56.34	78.61	56.36
中部	65.83	67.03	64.83	81.24	58.56
西部	53.29	52.72	53.75	75.48	49.11
东北	30.02	33.07	65.80	81.50	40.87
总体均分	59.09	61.20	57.73	78.34	53.85

表 4　各地区省级政协网络新媒体影响力指数均分与总体均分差

均分差所属区域	中央新闻网站报道指数	中央媒体报道指数	新闻转载指数	微信公众号影响力指数	总分
东部	4.11	6.19	-1.39	0.38	2.51
中部	6.74	5.83	7.09	3.01	4.70
西部	-5.81	-8.48	-3.98	-3.13	-4.74
东北	-29.07	-28.13	8.07	3.27	-12.98

表 5　省级政协网络新媒体上榜情况

所属区域	2020 年	2021 年	总量	2020 上榜率	2021 上榜率
东部	8	9	10	80.00%	90.00%
中部	5	4	6	83.33%	66.67%
西部	6	6	12	50.00%	50.00%
东北	1	1	3	33.33%	33.33%
总计	20	20	31	64.52%	64.52%

表 6 省级政协网络新媒体影响力排名上升榜

省级政协	2020 排名	2021 排名	排名上升	所属区域
上海市政协	13	3	10	东部
四川省政协	16	9	7	西部
北京市政协	6	1	5	东部
广西壮族自治区政协	18	14	4	西部
广东省政协	10	8	2	东部
江苏省政协	7	6	1	东部
福建省政协	8	7	1	东部
辽宁省政协	20	19	1	东北
海南省政协	-	20	新入榜	东部
贵州省政协	-	15	新入榜	西部
重庆市政协	-	16	新入榜	西部
天津市政协	-	18	新入榜	东部

东北地区分别有八、五、六、一家省级政协），可以看出，除东部和中部地区分别新上榜、下榜一家以外，榜上其他地区省级政协数量不变，区域省级政协的网络新媒体发展处于相对稳定的状态。

分析榜单上各地政协数据可以发现，上升榜单中 12 家政协中东部地区有 7 家，占比 58.33%。由此可见，在省级政协网络新媒体影响力发展格局相对稳定的背景下，东部地区省级政协呈现竞争较为激烈的特点。

图 1 是对网络新媒体影响力前二十家省级政协分别提取热词并综合分析后得出的词云图。对相关热词进行分类分析可以发现，省级政协一方面重点关注政协相关信息，如专门协商机构、常委会、协商民主、意见建议、统一战线、凝聚共识、民主监督等政协及政协职能相关词，以及委员工作室、委员读书等政协相关活动词。由此可见，相关省级政协十分重视全省各级政协建设工作以及政协相关活动开展，为省级政协工作发展注入源源

图 1　20 家上榜省级政协词云图

不断的活水。

另一方面，省级政协高度重视推动社会发展。中小企业、民营企业、营商环境、知识产权、一体化、信息化、数字化、新兴产业、高质量发展、高水平、产业链、新能源、特色产业、数字经济、农产品、中医药等各类型经济发展相关词在热词中频繁出现，省级政协从经营主体、经营环境、产业建设、发展质量等多方面对经济社会发展作出了全方位、多层次、立体化的解读和建议，充分发挥了省级政协的重要作用。同时，热词中还包含“十四五”、乡村振兴、脱贫攻坚、生态环境等国家发展战略相关词；智能化、人工智能、科技创新等科技发展相关词；青少年、老年人等社会群体相关词；基础设施、公共卫生、公共服务等社会建设相关词。可见省级政协在协商议政中具有较高的政治站位和较强的全局观念。

东部地区：地区经济发达、资源丰富，政协依托于经济发展优势加强地区联动

具体来看，各省级政协不仅参与推动国家发展政策与地区发展相结合，还注重结合地方发展特点，推出特色活动。在京津冀地区协同发展方面，政协委员利用调研、撰写文章等形式，对区域短程交通融合、区域创新资源整合、市场建设，以及地区生态保护等多方面建言献策，获得了中央媒体的重点关注。如人民网刊发文章《2021 地方两会系列观察之四：协同共进京津冀定下 5 年新约》称，北京市政协常委、北京社会主义学院副院长王报换建议，推动京津冀区域内交通运输信息互联互通与共享开发，打破半小时城域交通圈、1 小时交通圈的省级收费站体系，推动三地车牌统一管理。该文获得国际在线、天山网、腾讯新闻等媒体共 138 次转载。

京津冀地区协同发展

- 北京市政协常委、北京社会主义学院副院长王报换建议，推动京津冀区域内交通运输信息互联互通与共享开发，打破半小时城域交通圈、1 小时交通圈的省级收费站体系，推动三地车牌统一管理。

  ——2021 年 2 月 24 日，人民网刊发文章《2021 地方两会系列观察之四：协同共进京津冀定下 5 年新约》（该文获得国际在线、天山网、腾讯新闻等媒体共 138 次转载）

- 在 2021 北京两会召开之际，北京市政协委员孙子强认为北京作为未来全球科技创新中心可发挥引领辐射作用，统筹京津冀三地创新体系规划一

体化，优化创新链、产业链与价值链等顶层设计，通过整合北京中关村的研发服务市场优势、天津滨海新区的高端制造优势及河北张家口、承德等地的新能源优势，以中关村为核心，天津滨海新区、武清、宝坻、北辰、东丽及河北保定、廊坊、秦皇岛等津冀区位优势明显、创新资源密集、产业特色突出的区域，发展三地联合关键技术研究与技术标准创制以及联合实验室、工程中心、中试基地、科技成果转化基地、跨区域合作利益共享试点建设，实现北京“大城市病”治理和创新资源在更大范围内的优化配置，打造以创新驱动为特征的世界级城市群，成为代表国家参与全球科技经济竞争的前沿阵地。

——2021 年 1 月 22 日中国经济网刊发文章《孙子强：北京打造科技创新软环境要“筑巢引凤”》（该文获得中国网等媒体共 20 次转载）

- 2021 年 7 月 14 日至 16 日，全国政协提案委员会副主任支树平率队就“推进重点区域农产品质量安全追溯体系建设先行先试”先后赴北京、河北、天津开展调研，并在天津召开提案办理协商会。天津市政协主席盛茂林会见调研组一行。北京市政协副主席程红等参加相关调研活动。

——2021 年 7 月 21 日，《人民政协报》刊发文章《围绕农产品质量安全追溯体系建设，全国政协提案委调研组赴京津冀开展调研》

- 央广网关注京津冀北京市、天津市、河北省三地省级政协于当月在河北省张家口市聚首，聚焦京津冀生态环境支撑区和首都水源涵养功能区建设，为三地共筑绿色生态屏障建言献策，凝聚智慧。

——2021 年 10 月 12 日，央广网转发《北京日报》的报道《京津冀三地政协：构建生态资源保护利用共同体》

在 2021 年省级政协网络新媒体影响力排行中，北京市政协排名第一，中央媒体报道高达 1863 篇，在榜单中遥遥领先。其中中轴线、冬奥会等成为北京市政协被关注的主题词。2021 年 1 月 27 日，实施 16 年的《北京历史文化名城保护条例》重新制定。保护条例、中轴线申遗、中轴线游览建议以及民生改善等议题受到委员关注，北京市政协委员积极建言献策，北京市政协组织委员持续围绕北京中轴线申遗保护工作协商议政，相关信息引发媒体广泛传播，满足了民众对于中轴线申遗的信息需求。如中国文明网刊发文章《北京历史文化名城保护该“保什么”“怎么保”有了明确答案》，即援引了北京市政协教文卫体委员会副主任、中国古迹遗址保护协会副理事长舒小峰对于《保护条例》的评价，认为这是贯彻北京城市总体规划的举措，与文物保护法也很好地衔接起来。该文获得多家媒体 48 次转载。同时，北京作为冬奥会的重要举办地，北京市政协有关冬奥会的活动受到广泛关注。北京市政协就场馆建设、冬奥文化传播、冬奥科技力量等议题建言献策，受人民网、中国网、人民政协网等诸多中央媒体关注，为冬奥顺利举办提供助力。

天津市政协在排行榜中排名第十八，其中央媒体报道共 649 篇，有关高质量发展等方面的内容受到较多关注。其中，2021 年 3 月 5 日，中国小康网发布《天津市：全民共享发展全国领先的背后》一文中提到，早日实现碳达峰与碳中和，就要不断提高清洁能源占比，而氢能正好是零污染的清洁能源，因此天津市政协委员张荣华建议推动氢能产业成为“天津制造业立市”战略举措，助推地方高质量发展。该文获得津云客户端等媒体共 113 次转载。此外，天津市政协常委杨晖获得共青团中央、全国青联颁授第 25 届中国青年五四奖章，共青团发文后获得中青在线等媒体共 98 次转载。除中央媒体报道外，天津市政协在微信公众号运营方面也可圈可点，充分挖掘了新媒体在特殊时期的传播效用，借助新媒体发挥政协凝聚共识的作用，为地方战胜疫情凝心聚力加油鼓劲。天津市政协在疫情发生之际，发布对天津市政协委员公开信，倡议政协委员提高政治站位、强化引领作用、坚持双向发力，紧紧依靠人民群众坚决打赢疫情防控阻击战。该文章获得 1.3 万的阅读量及网民的点赞，天津市政协的工作得到了群众的认可。

在华东地区的山东省政协登上排行榜，排名第十二，其中央媒体报道共 611 篇，乡村振兴、黄河等有关政协关注的内容受外界关注。如《经济导报》报道《首届中国乡村振兴鲁村研讨会在沂源举行》一文称，6 月 12 日，首届中国乡村振兴鲁村研讨会以及中国中小商业企业协会乡村产业发展实践基地揭牌仪式均在沂源鲁村举行，参会的山东省政协常委、乡村振兴学院院长董方军认为，中小企业在乡村振兴领域大有可为，实践基地的设立，让二者更好地有机结合，更快更好地融为一体，让中小企业为乡村振兴源源不断地提供新动能。该文获得 33 次转载。另外，山东省作为黄河入海口，省政协关于黄河的相关提案也备受关注，如 2021 年 5 月 26 日光明网刊发文章《通知 |2021 年山东省政协重点督办三件提案》中即提到省政协 2021 年重点督办的提案之一，即是民建山东省委员会提交的《关于加快推进黄河三角洲生态保护和高质量发展的建议》。该文获得媒体 35 次转载。

随着步伐向南，江浙沪地区呈现出区域融合的特点，长三角一体化发展同时成为江苏、上海、浙江三地省政协热议的主题词。在融合发展过程中，江浙沪地区政协从交通融合、行政建设、科技创新、生态保护、文化传承等多角度全方位对地区融合建言献策，长三角地区省级政协委员则根据长三角一体化需求，建议推进长三角区域城际铁路和市域（郊）铁路项目建设、打造长三角一体化发展的虚拟行政和服务中心；省级政协紧扣时代脉搏，不仅积极参与推动高新科技创新的社会活动，还持续推动区域内政协联动发展，不断优化科创发展环境；同时江浙沪省级政协非常重视参与地区生态保护以及地方优秀传统文化传承，为地区建筑绿色生态屏障，传承中华传统文化、保持中华文化的多样性建言献策，凝聚智慧。

江浙沪地区融合发展

- 江苏省政协委员、省铁路办副主任朱培德建议，应瞄准“堵点”“断点”，继续完善综合交通干线网络，“‘十四五’期间，还应扩大铁路有效投资、推动纳入‘长三角区域城际铁路和市域(郊)铁路三年开工项目计划’的项目尽早开工建设，优质高效推进在建项目，迈好服务现代化建设走在前列的第一步。”上海市政协常委、经济委员会主任徐建民建议，将虹桥商务区打造成长三角一体化发展的虚拟行政和服务中心，联合组建长三角一体化政务虚拟服务大厅、公务员考录平台、人力资源招聘调剂平台、产权交易中心、技术交易中心等一体化发展功能性平台和开放市场，推进长三角政务“一网通办”。

  ——2021年2月10日，人民网刊发文章《2021地方两会系列观察之三：长三角共执笔，细绘融合“工笔画”》(获媒体19次转载)

- 在2021全球人工智能技术大会上，浙江省政协副主席周国辉指出，多年来浙江认真贯彻落实国家科技战略部署，围绕数字经济系统建设，先后出台了人工智能发展行动计划等一系列政策规划，已形成以杭州为核心的人工智能产业区域集群，特别是以余杭区为代表，人工智能产业发展迅猛。中新网认为，人工智能作为科技变革浪潮的新引擎，为中国经济向创新型经济转变提供了重要驱动力。随着新一代人工智能发展“杭州高地”的加快构筑，杭州人工智能产业和科研活力也随之加快释放，并在长三角一体化发展和带动全国人工智能创新发展方面发挥着积极作用。

——2021 年 6 月 6 日，中国新闻网刊发文章《2021 全球人工智能技术大会在杭州举行》

- 人民网报道了上海市、江苏省、浙江省等省级政协主席进行的长三角地区生态联合视察活动和座谈会，与会人员认为，把长三角一体化发展上升为国家战略，是以习近平同志为核心的党中央的重大决策，经考察，与会人员认为，示范区建设取得重要阶段性成果。

  ——2021 年 5 月 21 日，人民网刊发文章《长三角地区政协就“长三角生态绿色一体化发展示范区建设情况”开展联合视察》

- 2021 年 9 月 28 日，长三角曲艺联盟论坛暨千灯“中国曲艺之乡”三年发展研讨会在昆山市千灯镇召开。江苏省政协原副主席陆军，全国政协委员，江苏省文联党组成员、副主席刘旭东，全国政协委员，江苏省文联副主席、江苏省曲艺家协会主席盛小云，中国曲协理论委员会主任康尔，上海市文学艺术界联合会副主席吴新伯等领导嘉宾齐聚千灯，共同为千灯深化“中国曲艺之乡”建设建言献策。

  ——2021 年 9 月 30 日，《长三角曲艺联盟论坛暨千灯“中国曲艺之乡”三年发展研讨会召开》

2021 年上海市政协的网络新媒体影响力表现优异，在江浙沪地区排名第一，在省级政协总排行榜中排名第三，较 2020 年排名上升 10 位，中央媒体报道共 1699 篇，成绩十分可观。和北京相似，上海作为一线城市，其本身条件得天独厚，容易受到中央媒体关注，而上海市政协亦重视对民生热点议题的协商讨论，两相结合下，推动上海市政协的中央新闻网站报道指数、中央媒体报道指数分数位列前茅，分别达到95.24分和92.23分。典型如上海两会期间，上海市政协委员徐珊珊提交提案，建议设置“结婚冷静期”以保障婚前配偶知情权，该议题涉及时下民生婚育热点，引发网民热议，一度登上新浪微博热搜，而中央媒体新华网的报道《“结婚冷静期”，这个操作可不可以有？》亦引发中国经济周刊、中青在线等媒体高达267次的转载。此外，上海市政协委员积极投身高校智能教育、地区文化建设、数字化、民企高质量发展等社会热点议题，以专家身份积极接受媒体采访，对议题进行解读或发表建议，不仅为地方发展贡献智识，也借助中央媒体传播扩大了地方政协委员在全国的影响力。

江浙沪地区中，浙江省政协的网络新媒体影响力地区排名第二，在省级政协总排行榜中排名第四，中央媒体报道共1014篇。具体分析浙江省政协数据发现，浙江省政协的微信公众号“浙江政协同心苑”表现依旧亮眼，继承并发展了此前的建设成果。一方面，浙江省政协微信公众号2021年运营良好、整体效果突出，2021年“浙江政协同心苑”全年共发布文章1948篇，日均发文5.33篇；全年总阅读量超过600万，篇均阅读量达3165次；全年发文中阅读量达1万以上的有235篇，10万以上的有2篇。另一方面，浙江省政协保持对下辖单位的牵头、带头作用，2021年，“浙江政协同心苑”对下辖地市、区县政协微信公众号依旧做矩阵化运营，在“浙江政协同心苑”的菜单栏设置下辖单位的微信公众号矩阵传送门，保持账号之间紧密联系。同时，“请你来协商”作为浙江省政协贯彻落实习近平总书记关于政协作为专门协商机构新定位的工作创新、浙江省首创的基层民主协商实践探索，相关内容通过“浙江政协同心苑”得到良好的落实与传播。如“浙江政协同心苑”《运河上，游船里，拱墅区委书记与政协委员“沉浸式”协商开始了……》《上城区委书记在这场高规格协商会上说："金靴奔跑""金玉良缘""小镇蝶变"！》两篇阅读量10万+的文章，均为"请你来协商"基层民主协商内容，得到了网民的赞赏与认同。可以说，当前浙江省全面推开的"请你来协商"品牌建设作为浙江基层协商履职品牌，在借助"浙江政协同心苑"平台传播的同时，也在反哺公众号运营，以优秀的内容和地方公众号实现了双赢。此外，通过查阅"浙江政协同心苑"具体内容可以发现，其主要内容提供方之一为《联谊报》，为浙江省政协主办、国内外公开发行的省级综合类报纸，以专业媒体力量打底运营浙江省政协微信公众号，不仅整合了媒体资源，还能保障微信公众号内容输出频率与质量，这或许是浙江省政协微信公众号品牌建设成功的重要原因。

江苏省政协网络新媒体影响力在江浙沪三地中排行第三，在省级政协总排行榜中排名第六，中央媒体报道共920篇。"有事好商量"协商议事室是江苏省着力建设的政协委员履职品牌，也是2021年江苏省政协受外界高度关注的内容之一。如江苏省政协十二届四次会议第二次全体会议上，江苏省政协委员王安顺建议持续打响"有事好商量"江苏品牌，即受到新华网报道，并被中国江苏网等媒体转载22次。在省政协召开党组理论学习中心组学习（扩大）会上，省政协原党组书记、主席黄莉新强调，聚焦重点任务、以落实项目清单为群众办实事，用好特色载体、以"有事好商量"为群众办实事等内容受到《新华日报》、人民网等中央媒体报道或转载。

南部沿海省份中，福建、广东、海南省政协登上榜单。其中福建省政协在省级政协网络新媒体影响力总排行第七，中央媒体报道量共946篇，微信公众号"福建政协"全年共发布文章2005篇，全年总阅读量近30万。福建与台湾隔海相望，借地缘条件，福建省政协充分发挥自身工作优势，推进两岸多层次、多领域文化交流、经济合作，增进两岸良性互动，为两岸同胞搭建沟通之桥，为促进祖国统一的伟大事业提供助力。福建省政协的工作被中央媒体所关注，如光明网刊发文章《福建：重大项目推动经济发展提质换挡》报道福建省政协主席崔玉英对“十四五”规划纲要中促进两岸融合这一国家战略的赞同与重视，获得媒体172次转载；中国新闻网刊发文章《两岸“小三通”20年台胞盼尽快复航》报道福建省政协为两岸民众期望恢复“小三通”积极活动发声，获得媒体73次转载；中国新闻网刊发文章《以茶促两岸交融台湾设计师参与推动福建乡村茶产业升级》报道了福建省政协与其他组织单位共同主办两岸青年乡村振兴研修的活动，获得媒体70次转载。另外，福建省政协委员还就市场建设、税收等热点议题建言献策，相关信息得到舆论关注。

广东省政协在省级政协网络新媒体影响力总排行第八，中央媒体报道量796篇。广东省邻近港澳，地缘优势明显，粤港澳大湾区的建设为三地联合发展提供了强大的政策助力。广东省政协积极参与粤港澳大湾区的建设，如，学习强国报道广东省政协委员依据特别行政区的特殊性，提出澳门应当突破地区制约，主动融入国家发展大局的建议；法治网报道广东省政协副主席薛晓峰参与“高标准市场体系建设与粤港澳大湾区实践”国际研讨会，探讨地方建设高标准市场体系的必要性和做法；中新网报道《广东省在澳门举办2021年迎春宴会冀深化粤港澳合作》，广东省政协副主席薛晓峰参会，获得媒体47次转载。除关注粤港澳大湾区建设以外，广东省政协委员对于教育的关注引发舆论热议。如《中国教育报》报道广东省政协副主席马光瑜建议全面取消小学生家庭作业，增强德、体、劳育，培养全面发展的新时代小学生，获得媒体转载高达82次；澎湃新闻关于九三学社在广东省政协十二届四次会议提交提案提出，广东应该在深圳建立高等教育特区的报道获得媒体转载41次。

海南省政协登上省级政协网络新媒体影响力排行榜，排名第二十。主要原因是，海南省两会期间，省政协对于民生议题的讨论引发了媒体关注。

如《人民日报（海外版）》刊发文章《南繁硅谷：做强种业“芯片”》关注海南省政协委员对于国家南繁科研育种基地的介绍，获得媒体转载54次；中新网报道《海南省政协委员聚焦如何种好“三棵树”》，报道海南多位政协委员针对如何在建设海南自由贸易港的背景下发展“三棵树”产业提出建议，该报道获得媒体转载50次。

中部地区：注重学习知名人士事迹，做到履职为民、履职尽责

中部地区有湖南、河南、安徽、江西四地省级政协登上省级政协网络新媒体影响力排行榜。其中，湖南省政协表现突出，在中部地区排名第一，省级政协总排行榜中排名第二。湖南省政协受到外界高度关注，一方面得益于湖南地方媒体资源丰富，为湖南省政协的网络新媒体建设提供助力。另一方面是因为“共和国勋章”获得者、中国工程院院士、国家杂交水稻工程技术研究中心原主任、湖南省政协原副主席袁隆平，因多器官功能衰竭，于2021年5月22日13时07分在长沙逝世的消息。该信息引发大量关注，如新华网、《湖南日报》等媒体的报道，获媒体转载超过2000次。袁隆平的逝世令人痛惜，为表纪念，湖南省政协决定在全省各级政协开展向袁隆平同志学习活动，学习袁隆平同志的爱国精神、创新精神、务实精神与奉献精神。省政协举办的学习活动，让袁隆平这位“老政协人”的精神激励更多的后来者。此外，湖南省政协聚焦民生领域坚持为人民服务，利用“微建议”这种形式为群众办实事。据央广网报道，截至2021年9月，湖南省各级政协共收到微建议32743条，已办结30269条，满意度高达99.2%。“微建议”成为湖南省政协引人注目的政协履职品牌。

河南省政协在省级政协网络新媒体影响力排行榜中排名第五，其中央媒体报道共1027篇，微信公众号“河南政协”全年共发布文章1614篇，

全年总阅读量近 70 万。总的来看，河南省政协受到外界关注的关键词主要有乡村振兴、黄河流域等。典型如《经济参考报》刊发文章《路径明确多方发力全面推进乡村振兴粮食安全、土地、种业等领域改革提速》，关注了全国政协常委、河南省政协原副主席梁静针对贫困地区面临的现实问题建议在财政资金投入上继续倾斜支持，并充分发挥社会资本的参与和补充作用。该文获媒体转载 77 次。另外，河南是黄河的流经地，河南省政协不仅重视黄河生态治理及保护，还注重对黄河文化加以发掘及打造，受到中央媒体关注。如人民网报道《河南 11 名政协委员联名提案打造黄河文化符号》，对河南省政协委员建议合力打造黄河文化符号，助推黄河文化创造性转化、创新性发展的内容加以传播，获得媒体转载 40 次。此外，河南省政协为抗洪出力、为中部经济崛起建言献策、对地区数字化转型进行解读等内容皆受到新华网等诸多中央媒体报道关注，推动河南省政协进一步扩大网络新媒体影响力。

安徽省政协在省级政协网络新媒体影响力排行榜中排名第十，中央媒体报道共 898 篇，微信公众号“安徽政协”全年共发布文章 1188 篇，正面文章总阅读量共 29.44 万。2021 年，安徽省政协原副主席李宏塔荣获“七一勋章”受到媒体高度关注，带动舆论关注安徽省政协，如新华社刊发文章《他的爷爷是李大钊，他是骑车上班的“李厅长”……》获媒体转载高达 475 次；中青网的报道《“七一勋章”获得者——李大钊之孙李宏塔：“革命之后”的身份不是光环是责任》获媒体转载 130 次。除备受关注的政协名人以外，安徽省政协对乡村振兴、教育等议题建言献策得到中央媒体的关注点赞，如《人民日报》刊发文章《安徽省政协以月度专题协商会为载体，持续开展网络议政、远程协商——汇聚社情民意建言成果丰硕》介绍了安徽省政协以月度专题协商会为载体，借助远程协商这一新形式对幼儿教育、就业等议题汇聚社情民意，进行网络议政。该文章获得媒体转载 40 次。

江西省政协在省级政协网络新媒体影响力排行榜中排名第十七，中央媒体报道共624篇，微信公众号“江西政协”全年共发布文章765篇，全年总阅读量近40万。2021年，舆论对江西省政协关注的主要内容有乡村振兴、高质量发展等。典型如中国新闻网刊发文章《中国多地两会释新信号“高质量发展”成热词》称，江西省政协委员、江西省农业科学院院长戴星照对农业发展建言献策，提出打通全省涉农数据库系统，鼓励农产品电商发展等建议。该报道获媒体转载共101次。江西省政协不仅关注农业数据化，还积极参与推动企业发展与乡村振兴相结合，受到中央媒体关注，如中国新闻网刊发文章《江西启动“万企兴万村”行动推动乡村振兴》，报道了江西省政协副主席、江西省工商联主席雷元江解读引导民营企业进入乡村将会推动达成企业盈利与乡村振兴双赢局面，该报道获得媒体转载38次。

西部地区：地区经济发展相对落后，但各省政协因地制宜坚定履行政协职能

西部地区省级政协履职在一定程度上会受到经济、人才、技术等条件限制，但通过充分结合地方特色，积极履行职能，在网络新媒体传播方面取得不错的效果。西部地区中，四川省政协、甘肃省政协、陕西省政协、广西壮族自治区政协、贵州省政协、重庆市政协六地单位上榜。

四川省政协在省级政协网络新媒体影响力排行榜中排名第九，在西部地区各省级政协中排名第一，中央媒体报道共955篇，微信公众号“四川政协报”全年共发布文章1223篇。2021年，“经济圈”成为四川省政协备受舆论关注的热词。经济圈指的是成渝地区双城经济圈，是我国西部地区发展水平最高、发展潜力较大的城镇化区域，也是实施长江经济带和“一

带一路”倡议的重要组成部分。关于成渝地区双城经济圈，四川省政协委员们不仅关注经济圈圈内建设，还注重对外联系，建言推动新发展格局下川港、川澳合作的进一步深化。相关内容受到中央媒体报道关注，并被进一步扩散传播，如中国新闻网的刊发文章《港澳委员建言新发展格局下川港、川澳合作：各行各业都有新机遇》，获媒体转载 39 次；《各民主党派四川省委会建言成渝地区双城经济圈建设》，获媒体转载 30 次。

甘肃省政协在省级政协网络新媒体影响力排行榜中排名第十一，在西部地区各省级政协中排名第二，其中央媒体报道共 732 篇，微信公众号“甘肃政协发布”全年共发布文章 1692 篇。从词频来看，甘肃省政协 2021 年受舆论关注的内容主要有扶贫开发、脱贫攻坚、督导组、政法队伍、乡村振兴等内容。如就对口帮扶，中国新闻网刊发文章《百余津企陇上行：“合作一经握手，就是今生的朋友”》，报道了“津企陇上行”暨产业合作座谈会。该报道获媒体转载 59 次。此外，甘肃省政协还积极就美容消费监管、智慧养老、黄河上游生态治理等议题进行建言献策，相关内容均获得人民政协网、中国新闻网等多家中央媒体报道。

陕西省政协在省级政协网络新媒体影响力排行榜中排名第十三，中央媒体报道共 606 篇。从数据来看，陕西省政协在微信公众号建设方面效果亮眼，在上榜的二十家省级政协中排行第二，仅次于浙江省政协。2021 年，陕西省政协微信公众号“陕西政协”全年共发布文章 2501 篇，日均发文 6.85 篇；全年总阅读量近 190 万；全年发文阅读量达 1 万以上的有 17 篇。在微信公众号平台建设方面，“陕西政协”兼顾履职宣传与功能实用，不仅将政协委员履职要点、委员活动等内容分门别类展示，还为民众及时提供陕西疫情防控信息以及陕西图书资源信息服务，由此获得了较好的传播效果。同时，与浙江省政协相似的是，陕西省政协亦注重对政协媒体资源的整合利用，如注重展示陕西省政协主办的省级综合性报纸《各界导报》对于政协新闻的报道，将《各界导报》的链接嵌入公众号导航栏，实现微信公众号这一类新媒体与政协传统媒体有机融合，平台之间相互引流，助推陕西省政协实现资源节约以及传播效果提升的双重目的。

广西壮族自治区政协在省级政协网络新媒体影响力排行榜中排名第十四，其中央媒体报道共790篇，微信公众号“广西政协”全年共发布文章1606篇。广西壮族自治区政协亦较为关注经济发展及养老议题，如人民网刊发文章《“十四五”，中国号再出发！》报道了全国政协委员、广西壮族自治区政协副主席钱学明的建议，其建议依托东西部之间发展梯度，进一步完善协作机制，引导东部地区产业有序向西转移，提升东部地区消费，扩大对西部地区投资。该报道获媒体转载63次。《人民日报》刊发文章《全国政协委员谈“十四五”时期如何积极应对人口老龄化——更好建立广覆盖高质量可持续养老服务体系（议政建言）》，报道了广西壮族自治区政协副主席钱学明委员关于养老问题的见解，其认为农村养老要解决好吃饭看病问题，建议探索建立老人助餐服务、医养融合模式。该报道获得媒体转载共85次。

贵州省政协在省级政协网络新媒体影响力排行榜中排名第十五，中央媒体报道共782篇，微信公众号“贵州政协报”全年共发布文章1668篇。我国首个大数据综合试验区坐落于贵州，大数据也成为贵州对外宣传的一张重要名片。贵州省政协作为贵州省参政议政的重要主体，对大数据这一地方发展的重要议题亦积极参与建言献策、积极解读，相关内容引发人民网、《经济参考报》、《人民日报》等中央媒体报道。如《人民日报》刊发文章《大数据助推企业转型升级》报道，贵州省政协副主席陈晏表示，“十四五”时期，贵阳将大力推动新型基础设施建设，高标准构建大数据产业、应用、标准、法规、安全五大体系，推进以大数据为引领，科技含量高、经济效益好、资源消耗低、环境污染少、人力资源优势充分发挥的新型工业化。该文获媒体转载 78 次。除大数据议题外，贵州省政协还积极参与建党百年活动，如人民网转载《贵州日报》文章《弘扬伟大建党精神坚决做到“两个维护” 在新的征程上开创百姓富生态美的多彩贵州新未来 贵州省庆祝中国共产党成立 100 周年大会在遵义隆重举行》，报道了贵州省政协主席刘晓凯等人参加庆祝大会，该文获媒体转载 357 次。新华网刊发文章《全国政协重大专项工作委员宣讲团 2021 年首场宣讲报告会在贵州举行》，报道全国政协重大专项工作委员宣讲团 10 日上午在贵州省政协举行 2021 年首场宣讲报告会，该文获媒体转载 111 次。

重庆市政协在省级政协网络新媒体影响力排行榜中排名第十六，中央媒体报道共 700 篇。重庆市政协对廉洁政府建设、地区经济发展等议题积极建言献策，引发中央媒体关注。如人民网刊发文章《鼓起精气神担当有作为（法治中国）》，报道了重庆市政协副秘书长王济光对廉洁政府的建议，认为加强廉洁政府建设，要坚持把党内监督与群众监督相结合，与法律监督、民主监督、司法监督、审计监督、舆论监督相协调，增强监督合力。该文获得媒体转载 226 次。中国新闻网刊发文章《川渝致公党组织召开主委联席会为唱好“双城记”贡献智慧》，该文获得媒体转载 41 次。

东北地区：重视结合地方发展需求，推进地方高质量建设进程

辽宁省政协登上省级政协网络新媒体影响力排行榜，排名第十九，中央媒体报道共 480 篇。“高质量发展”是 2021 年辽宁省政协受关注的重要关键词，辽宁省政协积极参与营商环境、绿色发展以及乡村振兴等议题建设，受中央媒体报道关注。如人民网刊发文章《2021 地方两会系列观察之五：创新潮涌东北三省扬新帆》报道了辽宁省政协委员王彦针对辽宁提出要打造成本竞争力强的营商环境，认为只有真正将经营成本降下来，才能吸

引更多的企业到辽宁投资兴业，该文获得媒体转载27次；中国新闻网刊发文章《“科创中国”碳中和与绿色发展研讨会在沈阳召开》，报道辽宁省政协人资环委副主任朱京海等人，针对生态产品第四产业发展所包含的碳源碳汇监测评估、生态产品价值核算、生态变化评估、环境健康评估和冰雪生态价值转化等作了大会主旨报告，该文获得媒体转载21次；人民网刊发文章《吃“科技饭”走“创新路”老工业基地在新局中转身——写在辽宁两会闭幕之际》，报道辽宁省政协委员隋国民对于乡村振兴的意见，隋国民认为，乡村振兴要在人才振兴上下功夫，该文获得媒体转载19次。

二、副省级、地市级政协排行分析

在上榜的二十家副省级、地市级政协中，东部地区上榜政协数量最多，有十一家，且排名较为靠前的政协皆位于东部地区，如深圳市政协、青岛市政协、广州市政协、济南市政协等，这与其得天独厚的地理条件、蓬勃发展的经济水平是分不开的。例如，深圳市与广州市作为特大城市，亦是广东省两个经济发展极、大湾区的两个重要载体，当地在媒体宣传和新媒体建设的投入量高，造就了当地政协有关信息良好的传播效果；济南市是山东政治、经济、文化、科技、教育、金融中心，青岛市作为海滨城市，经济发展较快、资源支持充分以及宣传手法多样推动政协工作取得良好传播效果；中部地区有株洲市政协、长沙市政协、合肥市政协和湘西土家族苗族自治州政协四家上榜，西部地区有成都市政协、西安市政协和陇南市政协三家上榜，东北地区有沈阳市政协和大连市政协上榜。从省份来看，湖南省有三家政协上榜，广东省、山东省、浙江省、辽宁省等六个省份各有两家政协上榜。

与2020年数据相比，2021年副省级、地市级的入围名单中既有“老面

表 7　上榜副省级、地市级政协地域分布情况

排行	政协名称	归属省份	中央新闻网站报道指数	中央媒体报道指数	新闻转载指数	微信公众号影响力指数	总分	区域
1	深圳市政协	广东省	100.00	88.11	100.00	85.61	78.08	东部
2	青岛市政协	山东省	94.28	100.00	92.36	76.89	76.93	东部
3	广州市政协	广东省	97.09	88.47	97.00	84.90	76.90	东部
4	济南市政协	山东省	89.58	75.71	88.85	82.11	70.11	东部
5	成都市政协	四川省	92.10	73.86	91.70	74.82	69.19	西部
6	宁波市政协	浙江省	83.12	73.35	82.99	91.21	68.92	东部
7	沈阳市政协	辽宁省	82.26	59.20	98.39	100.00	68.81	东北
8	杭州市政协	浙江省	81.99	75.98	82.86	88.11	68.67	东部
9	福州市政协	福建省	85.95	76.36	90.17	73.86	67.87	东部
10	大连市政协	辽宁省	81.06	81.62	79.40	75.85	66.98	东北
11	海淀区政协	北京市	90.86	70.89	77.62	75.90	66.52	东部
12	株洲市政协	湖南省	91.17	73.89	95.68	58.37	66.17	中部
13	长沙市政协	湖南省	81.16	70.17	87.67	80.47	66.06	中部
14	合肥市政协	安徽省	78.13	67.71	82.27	85.32	64.93	中部
15	西安市政协	陕西省	85.88	66.88	89.77	70.71	64.74	西部
16	南京市政协	江苏省	85.88	64.32	86.27	66.49	62.79	东部
17	陇南市政协	甘肃省	77.43	47.84	96.75	85.57	61.57	西部
18	苏州市政协	江苏省	79.13	60.15	75.79	80.71	61.50	东部
19	湘西土家族苗族自治州政协	湖南省	81.53	53.70	96.16	72.35	61.40	中部
20	泉州市政协	福建省	76.82	65.58	75.02	74.87	61.03	东部

孔”，也有“新面孔”，且“老面孔”的占比高达75%，即在2021年TOP20的榜单中，有十五家政协曾在2020年榜单中入围过，且有九家政协的排名有所上升，其中明显上升的是济南市政协、成都市政协和福州市政协，皆上升七名。“新面孔”中，北京市海淀区政协、甘肃省陇南市政协、湖南省湘西土家族苗族自治州政协以及福建省泉州市政协表现较为优异，入围2021年TOP20榜单。

表8　2021年副省级、地市级政协排名变动表

政协名称	2020排名	2021排名	排名上升
济南市政协	11	4	7
成都市政协	12	5	7
福州市政协	16	9	7
长沙市政协	19	13	6
合肥市政协	20	14	6
青岛市政协	6	2	4
广州市政协	7	3	4
西安市政协	18	15	3
深圳市政协	3	1	2
大连市政协	10	10	0
海淀区政协	-	11	新上榜
株洲市政协	-	12	新上榜
陇南市政协	-	17	新上榜
湘西土家族苗族自治州政协	-	19	新上榜
泉州市政协	-	20	新上榜

1 深圳、广州、青岛、济南：地域接近性和经济快速发展促进政协宣传工作

深圳市政协和广州市政协同位于广东省，从中央新闻网站报道指数、中央媒体报道指数、全网地方政协新闻转载指数以及地方政协微信公众号影响力指数来看，两政协的分值较为接近，总分也仅以2分之差跻身榜单的第一、三名。其中，深圳市政协和广州市政协的微信公众号运营内容丰富、形式多样。

经统计，深圳市政协微信公众号“深圳政协”年度发文1595条，月度发文量维持在100条上下，其中2021年12月发文量最多，高达182条。从深圳市政协微信公众号的运营情况来看，一是栏目设置全面，包含内容丰富，在上榜的政协中具有典型代表性。通过对其微信公众号的标题进行统计可以看出，深圳市政协微信公众号发布的相关栏目经过精心策划，其中较典型的栏目有工作动态、委员风采、党史光辉、两会聚焦、政协热线、凝心热议等，涉及内容涵盖政协工作动态、委员履职经历、党史学习教育、听取民声民意、重要会议精神等多个方面。与此同时，广州市政协的微信公众号“广州政协”亦具有相似的特点，其设置了党史百年、动态要闻、委员在行动、委员话民生等典型栏目，对外宣传相关内容，增加品牌曝光率。

二是紧扣时政热点，展示形式多样，解锁“网言网语”。通过对“深圳政协”微信公众号热门文章的统计可以看出，建党百年、委员履职、招聘人才、领导动态的文章易成爆款。其中，为热烈庆祝中国共产党成立100周年，深圳市政协以视频、音频等多种展示形式，发布相关文章，取得了良好的宣传效果。《政协深圳市委员会庆祝中国共产党成立100周年微视频》的阅读量高达2万+，在1分16秒的微视频中，集中展现了深圳市政

表 9 “深圳政协”微信公众号栏目统计

序号	栏目名称	发文量
1	工作动态	254
2	委员 5 分钟 / 委员风采 / 委员履职 VLOG/ 委员有料 / 委员讲堂 / 委员议事厅	99
3	党史光辉	80
4	两会预告 / 两会前奏 / 两会评论 / 两会聚焦 / 两会回放	66
5	政协热线	66
6	学党史、晒心得 / 学史悟行	60
7	凝心热议	54
8	提案故事	54
9	学习“七一”重要讲话	47
10	百年辉煌与民同行	33
11	各区之声	33
12	学习六中全会精神	32
13	界别活动 / 界别建设 / 界别动态	21
14	深圳口述史	21
15	履职经验	17
16	聚焦党代会	16
17	深聊会	15
18	专委会动态	15
19	一图读懂	9
20	年度优秀履职标兵	7
21	专题协商会	7
22	抗疫——政协在行动	5
23	庆祝百年华诞	4
24	如何提高履职能力？政协委员们这样说	4
25	年度优秀提案	3

表 10 “广州政协”微信公众号栏目统计

序号	栏目名称	发文量
1	党史百年	188
2	动态要闻	172
3	委员访谈 / 委员风采 / 委员话民生 / 委员讲堂 / 委员履职 / 委员在行动 / 政协委员话民生	73
4	各区政协	66
5	有事好商量	40
6	专委会工作	37
7	提案选登 / 提案答复 / 提案表彰	30
8	机关动态	24
9	媒体报道	24
10	两会聚焦 / 两会要闻	21
11	党建工作	19
12	党派团体	18
13	党员委员系列访谈	12
14	云展馆	10
15	疫情防控	8

协委员的履职尽责的剪影。再如，深圳市政协在全市政协组织和政协委员中开展“百年辉煌，与民同行——庆祝中国共产党成立 100 周年暨党史学习教育”征文活动，以政协人的故事和心声，歌颂百年大党的历史性成就，抒发爱党爱国之情。在《百年辉煌与民同行 | 曹国文：大潮起珠江中的一朵浪花》一文中，深圳市政协委员、深圳澳亚视传媒集团董事会主席曹国文讲述了自己的履职故事，言辞恳切，该文中还附有三分钟的配音音频，给受众以更好的阅读感受。

此外，“深圳政协”公众号的发文中还有一些较为活泼时尚的词汇，如“VLOG”“大本营”“狂想曲”等，充分展现了公众号发文紧随时尚、亲近

表 11 “深圳政协”微信公众号热门文章统计

序号	热门文章标题	阅读量	发布日期
1	政协深圳市委员会庆祝中国共产党成立 100 周年微视频	20513	2021 年 6 月 30 日
2	百年辉煌与民同行｜曹国文：大潮起珠江中的一朵浪花	12255	2021 年 7 月 30 日
3	招人啦！深圳市政协机关公开选调公务员公告	7594	2021 年 6 月 29 日
4	新一届市委常委亮相！｜市委书记讲了这几层意思	5696	2021 年 4 月 30 日
5	委员履职 VLOG｜第①期：打卡深圳时尚“大本营”——大浪时尚小镇	3660	2021 年 6 月 19 日
6	全文干货！科技部、深圳市府印发《中国特色社会主义先行示范区科技创新行动方案》	3427	2021 年 2 月 25 日
7	百年辉煌与民同行｜初心与梦想：我与深圳的医疗卫生事业共同成长	3143	2021 年 6 月 1 日
8	委员议事厅｜观澜河“狂想曲”，许一个“水、产、城”共融的明天	2696	2021 年 4 月 1 日
9	百年辉煌与民同行｜为深港融合发展助力，为建党 100 周年献礼	2488	2021 年 6 月 20 日
10	委员履职 VLOG｜第②期：为深圳未来文化事业的发展贡献委员智慧	2216	2021 年 6 月 23 日

民意，公众更愿意接受这种信息传播方式，从而取得更好的传播效果。为进一步推动深圳“双区”建设，发挥政协委员协商议政的“智库”作用，深圳市政协创新推出“委员履职 VLOG”短视频专题，旨在透过委员的第一视角，向网友展示出政协委员最真实真挚真诚的履职风采。如在《委员履职 VLOG｜第①期：打卡深圳时尚“大本营”——大浪时尚小镇》一文中，深圳市政协委员叶亚丽作为首位 Vlogger 精彩亮相，打卡深圳“时尚产业”的大本营——深圳大浪时尚小镇，用 VLOG 的创新方式记录政协委员履职过程，这种创新的宣传手法让受众能够沉浸式体验政协委员履职的一天。

三是设置受众参与活动，提高“主人翁”意识。微信公众号“广州政协”发文《【有事好商量】当你家孩子遇到心理问题，你是怎么看？》，文中以微信投票的方式征集家长对青少年心理问题的处理方式，呼吁正确关注和引导孩子的心理健康。该公众号向市政协各参加单位、各区政协发布了《关于做好市政协门户网站和微信公众号供稿工作的通知》，文中提到由人民政协报、人民政协网主办的“传递政能量传播政声音——首届人民政协新媒体发展论坛暨地方政协网络新媒体影响力排行榜”评选活动中，广州市政协获得了政协新媒体年度最具影响力TOP10和政协新媒体年度网络人气奖两项大奖，为更好地发挥官网和官微的作用，加大力度宣传市政协履职工作、创新实践和履职成果，将开展官网和官微供稿工作，通知清晰公布了栏目设置、稿件要求、投稿方式、稿件使用等方面。此外，为保持常态化的沟通联系，市政协办公厅将建立新闻宣传联络员队伍。此举有利于提高民众参与度，亦体现了众人的事情众人商量的政协民主特色。

与深圳市政协和广州市政协情况较为接近的，还有青岛市政协和济南市政协，分别位列副省级、地市级排行榜的第二、第四名，排名相近。青岛市和济南市同在山东省，可谓是山东省经济和政治中心，相应的媒介资源丰富。其中，青岛市政协的中央新闻网站报道指数、中央媒体报道指数和新闻转载指数明显较高，在2021年，中央媒体新闻网的报道共计381篇，其中人民政协网发布相关报道123篇；中央媒体电子报关于青岛市政协的报道共计121篇，其中《人民政协报》发布相关报道106篇；中央媒体新闻客户端的报道共计227篇，其中发布相关报道95篇。

关于青岛市政协的中央媒体报道内容涵盖乡村振兴、科技创新、数字经济、经贸合作、环境保护等方面，充分体现出青岛市政协委员借助青岛开放、先进的有利条件，推动多方面创新合作，助力青岛发展建设。例如在乡村振兴方面，2021年青岛两会的政府工作报告中提到，要“打造乡村

表 12 关于青岛市政协的部分热门中央媒体报道

中央媒体	新闻标题	发布时间	转载量（条）
中国青年网	两会聚焦丨让农民共享数字经济发展红利！聚焦乡村振兴，委员们的提案“接地气”	2021 年 1 月 14 日	35
新华社	山东省政协十二届常委会第十八次会议开幕	2021 年 7 月 20 日	29
中国青年网	两会好声音丨市政协委员薛铮：将数字技术渗透到各行各业，大力发展数字经济	2021 年 1 月 13 日	28
人民政协报	彰显专门协商机构制度优势展现为国履职为民尽责担当	2021 年 3 月 10 日	25
中国日报网	稳居全省科技创新“第一梯队”青岛这次做对了	2021 年 4 月 19 日	24
中国青年网	青岛中德国际客厅 2021 年德国企业“春聚”活动举办加强两国经贸合作交流	2021 年 5 月 30 日	24
中国青年网	青岛市政协委员张辉崙：加强农业面源污染防治工作	2021 年 1 月 14 日	22
中国青年网	青岛市政协委员匡新：茶区使用崂山绿茶地理标志	2021 年 1 月 12 日	22
中国青年网	送健康服务群众！青岛市政协组织开展“我为群众办实事”活动	2021 年 5 月 10 日	19
中青在线	碧海蓝天，红瓦绿树，水彩画和青岛最配	2021 年 9 月 26 日	18

振兴齐鲁样板先行区”，2021 年市办实事中也有多项内容涉及农村地区的基础设施和环境提升。在中国青年网发布的《两会聚焦丨让农民共享数字经济发展红利！聚焦乡村振兴，委员们的提案“接地气”》一文中，提到政协委员们针对补齐乡村基础设施建设、激活农村优势资源、推进生态文明建设等方面，给出了细致建议，如市政协委员李玉海提出“坚持农业现代化与城镇化一体设计”，市政协委员韩松明提出“促进农业向三产融合发展”，

市政协委员张辉崙提出“建设农业面源污染监测防控体系”。再如，在科技创新方面，2021 年 4 月 16 日，山东省科技创新大会传来消息，省内共 273 个项目（人选）获 2020 年度山东省科学技术奖，其中青岛占比超三分之一，稳站全省科技创新“第一梯队”。中国日报网刊发文章《稳居全省科技创新“第一梯队”青岛这次做对了》，文中介绍春光里产业资本集团（以下简称春光里）创始人、青岛智谷工程 CEO 杨守彬回到家乡，和家乡领导一起谋划家乡发展，“青岛智谷工程”成为春光里“生态链 VC+ 城市合伙人”模式的第一个城市级样板工程。春光里创始人杨守彬被青岛市政协增补为第十三届青岛市政协委员。

济南市政协聚焦民生，为解决民生难题提出切实可行的建议，内容涵盖民众生活、人才培养、生态环境等。如中国青年网刊发文章《垃圾都去哪了？探秘济南生活垃圾末端处置设施建设》，文中提到济南市政协委员、市垃圾分类形象大使刘卫群提议，希望能深入推广“垃圾分类”知识普及，营造全民共识、互相监督、奖惩并举的社会氛围。同时，可以运用人工智能、大数据优势，在条件成熟的社区安装各类现代化垃圾分类回收站，让居民通过投放可回收垃圾获得积分，以此换取相应的生活物品，采用以奖代补的方式，提升居民参与热情，逐渐摒弃不良生活习气，提升居民文明素质；人民政协网刊发文章《“由大到强”靠什么？》，文称，围绕“完善科技创新体制机制，释放人才创新创造活力”主题，科学技术界别、致公党山东省委会、济南市政协等分别从知识产权保护、科研创新“百花齐放”、培育壮大青年科技人才队伍、发展“数字经济”和打造先行区人才聚集高地等角度谈问题、提建议、出点子，呈现一场高“言”值“头脑风暴”。此外，建设青年友好型城市也是济南市政协 2021 年的商量专题，如中青在线刊发文章《济南：邀约青年共享未来》，文称团济南市委与济南市政协社教卫体和法制委员会联合承办多场“建设青年发展友好型城市专题

表 13　关于济南市政协的部分中央媒体报道

中央媒体	新闻标题	发布时间	转载量（条）
青年在线	济南：邀约青年共享未来	2021 年 11 月 3 日	53
中国青年网	垃圾都去哪了？探秘济南生活垃圾末端处置设施建设	2021 年 4 月 24 日	42
新华社	问政安满度丨“群众在你心里有多重，你在群众心里就有多重”	2021 年 12 月 1 日	22
人民政协报	“由大到强”靠什么？	2021 年 8 月 3 日	22
人民网	济南市园林和林业绿化局局长王国富：加快形成“融河拥山岳渎交汇”生态格局	2021 年 1 月 16 日	20
中国青年网	老年人享用智能技术遇到哪些难题？济南市政协公开征集“商量”线索公告	2021 年 6 月 11 日	18

‘商量’”座谈会暨“共青团与人大代表、政协委员面对面”活动，针对青年的发展诉求和面临的具体问题，邀请不同领域青年代表与教育、人社、住建、商务、文旅、行政审批等各部门负责人面对面协商，及时解决或转办相关问题。

2 成都、宁波、沈阳、杭州：宣传工作紧扣时代特征

从总分情况来看，成都市政协、宁波市政协、沈阳市政协、杭州市政协的分值较为接近，以不到 1 分之差位列副省级、地市级政协排行榜的第五至八名。其中成都市政协的中央新闻网站报道指数和新闻转载指数明显较高，在 2021 年，中央媒体新闻网站关于成都市政协的报道有 332 篇，单篇新闻最高转载 82 次。从成都市政协的新闻传播热词中可以看出，“港澳

台侨”“经济圈”“扶贫开发”“高质量发展”“碳中和”“幸福美好”“乡村振兴”等成为围绕成都市政协的热门报道话题，如中国青年网、中国侨网等媒体发布关于“2021 春季在蓉港澳台侨大学生城市互动体验营”“2021 秋季在蓉港澳台侨大学生城市互动体验营”的报道，该体验营由成都市政协联合高校主办，让在成都高校就读的港澳台侨学生亲身体验天府文化的深厚底蕴，借此提升港澳台侨新生代的文化认同感、民族向心力。此外，提到成都，不得不提到“成渝地区双城经济圈”，作为实施长江经济带战略和“一带一路”建设的重要组成部分，在中国区域发展板块上，成渝地区一直举足轻重，成都市政协也一直为加快推进成渝地区高质量发展献计献策。如《人民政协报》刊发文章《为了百姓的高品质生活》，据报道，中共中央、国务院印发《成渝地区双城经济圈建设规划纲要》后，四川省政协召开“坚持生态优先绿色发展打造高品质生活宜居地”界别协商会，在本次界别协商会上，委员们紧紧围绕把成渝地区双城经济圈建设成为高品质生活宜居地这一战略定位，聚焦大力推进生态文明建设，筑牢长江上游生态屏障，在西部地区生态保护中发挥示范作用，促进社会事业共建共享，大幅改善城乡人居环境，打造世界级休闲旅游胜地和城乡融合发展样板区，建设包容和谐、美丽宜居、充满魅力的高品质城市等 9 大着力重点，建言献策。成都市政协副主席刘仆详细介绍了成都市高品质生活宜居地建设的做法和市政协助力该项工作所取得的成效，并总结了一套可复制可推广的经验。

宁波市政协和杭州市政协分别位于排行榜的第六名和第八名，两地政协都位于浙江省。党的十九届五中全会向着更远的目标谋划共同富裕，提出了“全体人民共同富裕取得更为明显的实质性进展”的目标。《中华人民共和国国民经济和社会发展第十四个五年规划和 2035 年远景目标纲要》提出，支持浙江高质量发展建设共同富裕示范区。当共同富裕示范区花落浙江，宁波抢抓历史机遇，中共宁波市委、市政府下发《宁波高质量发展建设共同富裕先行市行动计划（2021—2025年）》，把村庄梳理式改造列为行动内容之一，这背后离不开市政协从2019年开始就“加快推进村庄梳理式改造”开展的专题调研和持续助推。宁波市政协主席徐宇宁部署要求全市政协组织增强思想自觉、政治自觉、行动自觉，找准履职切入点，对标对表，把市委“作战图”变为政协履职的“任务书”，用实际行动为宁波率先实现共同富裕贡献政协智慧和力量。建言献策的同时，委员们也纷纷在各自岗位上，以实际行动为共同富裕出力，为了探寻共富密码，进一步助推乡村振兴发展，政协委员到乡村地头开展专题调研，高度重视民生需求，以全会提案的形式“五年磨一剑”，持续聚焦城市品质提升。2021年末，面对点状暴发的新冠肺炎疫情，宁波市政协和杭州市政协联合各界力量共同抗击疫情，助力打赢疫情防控阻击战，“宁波政协”微信公众号发布35篇抗疫相关文章，宣传疫情之下政协委员、民盟、九三学社、农工党等勠力同心、积极抗疫。杭州市政协委员积极投身抗疫一线，在抗击疫情中彰显初心、担当使命，如市政协委员夏海琴在疫情防控中，发扬连续作战精神，

表14 “宁波政协”微信公众号发布关于抗击疫情的热门文章

标题	发布日期	阅读量	点赞量	在看量
慈溪丨抗击疫情，慈溪政协委员在行动！	2021年12月14日	5328	64	78
【抗疫】一位委员的隔离日记	2021年12月9日	3139	31	55
民盟丨毛群谊：与其返慈隔离不如一线抗疫	2021年12月10日	2504	19	29
九三学社丨同心协力，共抗疫情，关键时刻显担当	2021年12月10日	1743	31	70
【抗疫】同心抗疫，镇海政协在行动	2021年12月9日	1203	20	26
【一线直击】同心抗疫，镇海政协在行动（二）	2021年12月11日	1167	19	19
【抗疫】同心协力，共抗疫情，九三社员显担当	2021年12月15日	1152	32	66
民建丨勠力同心齐力抗疫	2021年12月13日	1127	13	18

坚持“5+2”“白 + 黑”，被称为“拼命女三郎”；杭州市政协委员、萧山经济开发区医院院长戚敏敏主动承担开发区居家隔离人员的防控指导和核酸定时采集任务；钱塘区政协委员张国庆手绘抗疫漫画《“疫”起加油》。此外，在新闻宣传工作及理论研究方面，宁波市政协亦优势突出：由浙江省政协办公厅、省新闻工作者协会联合开展的浙江省第三届人民政协好新闻活动中，宁波市政协两篇新闻作品入选，在各市级政协中名列前茅；在浙江省政协评选的 2021 年省政协理论研究优秀论文中，宁波市共有 11 篇论文入选，其中一等奖 2 篇，二等奖 6 篇，三等奖 3 篇，成绩继续保持全省前列。

沈阳市政协在 2020 年的副省级、地市级政协排行榜中曾上榜，2021 年位列排行榜第七名，微信公众号影响力指数更是获得了满分的优异成绩。其微信公众号“沈阳政协”在 2021 年度发布了 1222 条文章，平均阅读量在 1000 次左右，最高阅读量 10 万 +。“沈阳政协”公众号的运营定位明确，选题清晰，主要涵盖两方面，一是政协会议，典型文章如《专委会工作　协商城建计划建言城市发展——市政协人资环与城建委员会组织召开沈阳市 2022 年城建预安排计划专题协商会》《专委会工作　贯彻落实全会精神助力乡村全面振兴——市政协农业和农村委员会组织委员深入学习党的十九届六中全会精神》《中国人民政治协商会议沈阳市于洪区第十一届委员会第一次会议胜利闭幕》等；二是政协委员，有专门新委员培训班栏目，如《新委员培训班——优秀社情民意信息范例来啦！赶快收藏起来！》《新委员培训班——提案如何把握选题方向？》；有委员事迹宣传栏目，如《委员面对面——全会倒计时！一起打开赵国华委员的提案文件袋！》《委员面对面—— 一届委员，一生情怀！全会在即，一起走近闫洪奎委员的履职纪实……》；有提案征集栏目，如《征集——全会要来啦！您有什么意见建议？委员来转达！》《征集——@ 沈阳人，你最期盼解决的一件事是什么？“我给委员捎句话儿”征集活动来啦！就等你参加！》。

3 福州、大连、北京市海淀区：多渠道收集民意，多途径传播品牌建设

福州市政协、大连市政协、北京市海淀区政协三地政协分值接近，分别位列排行榜的第九至十一名，每家政协的宣传工作各有千秋，彰显了“有事好商量”的政协品牌特色。

开展网络议政远程协商是贯彻落实习近平总书记关于加强和改进人民政协工作的重要思想、走好网上群众路线、拓展政协协商民主形式的重要探索。福州市政协在网络议政远程协商方面的努力可追溯到 2019 年 3 月，福州市政协开通“福州政协协商”微信公众号，设立“网络专题议政”栏目，同年 7 月，以“做好我市儿童青少年近视防控工作”为主题，在全省率先开展网络议政远程协商。截至目前，已成功组织开展 9 场网络议政和 4 场远程协商活动。为进一步丰富网络议政形式，拓展协商参与面，提升网络议政远程协商实效，更好发挥人民政协作为专门协商机构的作用，2021

图 2　福州市政协网络议政云平台

年，福州市政协与福州新闻网联合打造“福州市政协网络议政云平台”，诚邀广大网友共同参与协商议政，发表观点看法、提出意见建议，“有事好商量，众人的事情由众人商量”，集思广益，为加快建设现代化国际城市贡献智慧和力量。

大连市政协的中央新闻网站报道指数和中央媒体报道指数以及新闻转载指数较高，助力大连市政协进入副省级、地市级政协排行榜前十，可以看出大连市政协新闻宣传意识较强，善于将政协工作通过媒体向外传播，并获得媒体关注。2021 年 2 月 6 日，《人民政协报》刊发文章《大连海鲜品牌缘何“叫不响”？》，文中介绍在大连市政协全会上，政协委员们如何针对企业品牌建设，抽丝剥茧、把脉开方；2021 年 4 月 19 日，《人民政协报》刊发文章《大连市政协进一步强化委员主体意识首次将“委员作业”纳入调研成果评优范畴》，文章提到近两年大连市政协着眼更好体现“委员主体性”没少做“功课”，比如，围绕贯彻落实中央政协工作会议精神，提高委员队伍整体素质，在委员中发起开展“强化责任担当，协同创新追求卓越”主题实践活动。活动中，市政协各部门密切协作，默契配合，先后编印一套《政协委员学习手册》，组织 3 次委员学习培训活动，分批组织参观考察大连“十三五”期间重点建设项目，累计举办 21 期“委员讲堂”、创建 21 个“政协委员之家”等。

北京市海淀区政协位列排行榜的第十一名，聚焦广大民众关心和热议的问题，海淀区政协委员们积极履职，受到中央媒体关注。例如，近年来“粉丝”“饭圈”与“网友非理性表达”频频关联，一次次引发社会热议，针对频频出现的“饭圈”乱象，北京市海淀区政协常委沈腾通过《中国青年报》指出，“‘饭圈’问题现在已成了考验人们公序良俗的忍耐底线，如果不制止，某种程度上，就会失去节制地往前走”。筹备北京冬奥会期间，海淀区政协通过实地调研、召开座谈会等形式，对筹备工作提出切实可行的建议，如区政协教文卫体和文史委的政协委员们在调研区冬奥筹备及体育事业发展情况后，建议应继续做好疫情防控相关工作，构建“闭环管理”工作体系，牢牢筑起疫情防控“安全墙”；普及冰雪知识，通过冰雪运动助力海淀区全民健身事业发展，营造浓郁“体育氛围”；通过阶梯式定价等方式，让更多群众预约场馆，参与运动；深入推动辖区内“体教融合”发展，培养学生的运动兴趣爱好，增强运动技能和身体素质，让更多的青少年参与到运动中来。相关建议既助力北京冬奥会顺利举办，又弘扬了体育精神、促进群众体育发展。此外，2021 年也是海淀区政协的换届年，在新一届政协的 418 名委员中，新提名 244 人。新一届政协委员具有政治素质好、知识层次高、专业代表性强、区域特色突出等特点，更具有广泛的代表性；新一届委员分布更加广泛，涵盖了知名科技企业、主要央企、重点税源企业、独角兽企业、新型研发机构等各方面代表；涵盖了民主党派成员、无党派人士、少数民族人士、宗教界人士、民营经济人士、新的社会阶层人士、归国留学人员、港澳人士、定居大陆台胞及台属、归侨及侨眷、党员领导干部、党员专家学者、党员其他人士等全部 13 类。值得一提的是，新一届政协委员还兼顾了在疫情防控、脱贫攻坚、专项工作中表现突出的代表人士，既体现了海淀区的区域发展特色，又体现了海淀区统一战线的广泛性和包容性。

4 株洲、长沙、湘西土家族苗族自治州：在脱贫攻坚与高质量发展中体现人民政协担当

株洲市政协、长沙市政协和湘西土家族苗族自治州政协分别位列副省级、地市级政协排行榜的第十二名、第十三名和第十九名，三地政协都位于湖南省。从央媒报道焦点来看，“脱贫攻坚”“乡村振兴”“扶贫开

图 3　黄诗燕（中）在湖南炎陵县农村走访（2018 年 4 月 17 日摄）图源：新华社

发”“营商环境”等关键词是三家政协的聚焦共性，并贯穿政协委员履职工作始终。湖南省地处我国中部，贫困面较广、贫困程度较深，是全国脱贫攻坚任务最重的省份之一，也是精准扶贫的“首倡地”。2013 年 11 月 3 日，习近平总书记跨越崇山峻岭，来到湖南省湘西土家族苗族自治州花垣县十八洞村考察，提出“精准扶贫”重要论述。至 2020 年底，湘西州摆脱了千百年来绝对贫困的落后面貌，脱贫攻坚取得了决定性成就。在脱贫攻坚这场伟大战役中，湘西州政协积极履行职能、发挥优势，展现了人民政协的作为和担当。湘西州政协委员围绕湘西州“按期脱贫摘帽”“非贫困村贫困户脱贫”等开展民主监督 40 多场次，促进扶贫各项措施落到实处，切实提高扶贫质量和效果；积极参加武陵山片区政协主席联席会议，承办湘鄂渝黔四省市政协助推武陵山片区旅游产业扶贫合作座谈会，形成了湘西共识等一批成果，脱贫攻坚建言成果进入更高决策视野；认真组织开展帮扶行动，全州各级政协组织帮扶贫困户3619户、贫困人口14476人，资助贫困学生2643名，帮助转移就业4768人，为湘西州全面脱贫作出了积极贡献。

回首这场彪炳史册的脱贫攻坚战斗，既有壮志豪情又有奉献牺牲。2019年11月29日，作为脱贫攻坚“一线总指挥”，时任株洲市政协副主席、炎陵县委书记黄诗燕为炎陵高质量脱贫拼尽全力，以身殉职，《人民日报》在2021年8月以《用生命谱写脱贫攻坚壮歌——湖南省株洲市政协原副主席、炎陵县委原书记黄诗燕》为题介绍了黄诗燕同志的相关事迹。在乡村振兴方面，株洲市政协以2020年组建的“万户帮扶”行动小组为依托，与“万户帮扶行动”和“三进三助”聚力行动中“进乡村，助推乡村振兴”相结合，在全市各级政协组织和政协委员中开展“优化提升义务植树行动、助力乡村振兴”活动。截至2021年5月，全市参与植树活动的政协机关干部和政协委员总数达1037组2174人，植树4000余棵，引导村民群众参与爱绿、植绿、护绿、增绿行动2000余人次。

长沙被誉为“一座没有围墙的红色历史博物馆”，曾走出过一大批革命先辈，无数共产党人在这方红色热土上谱写了感天动地的英雄赞歌。在建党百年之际，长沙市红色旅游也迎来新的发展“黄金期”，为让“网红长沙”的底色更“红”，长沙市政协成立专题调研组，为推动长沙红色旅游高质量发展建言献策，从强化红色资源保护、深挖红色文化、丰富红色旅游产品供给、创新体制机制、促进融合发展等方面提出了详细的建议。2021年7月，据某旅游社交平台发布的《2021上半年红色旅游大数据报告》显示，长沙在“上半年最具人气的红色旅游目的地TOP10”中位居第四；在另一家出行旅游平台发布的《2021红色旅游发展报告》中，五一、端午假期，在红色旅游的推动下，长沙异军突起，成为上半年最“出圈”的红色旅游目的地，很多年轻游客特别是25岁以下的游客，前往橘子洲青年毛泽东雕塑“打卡”已成风潮。

5 合肥、西安、陇南：充分利用资源推陈出新

合肥市政协位列副省级、地市级政协排行榜的第十四名，微信公众号影响力指数在该梯队中分值较高。其微信公众号“合肥政协”在 2021 年度共发文 2147 条，相当于日均发文近 6 条，最高阅读量 10 万 +；从发文频率来看，“合肥政协”公众号不但单次发文多条，更是做到了坚持“日更”，即使是国家法定节假日，也没有中断更新发文。其中，阅读量最高的一篇微信文章为《@ 所有人快来为你心中“杰出政协委员”点赞吧》。为总结和宣传十四届市政协委员“为国履职、为民尽责”的担当作为，展现新时代市政协委员的精神风貌，激励广大政协委员更好发挥委员主体作用，为新时代政协工作干出新样子，谱写新篇章，合肥市政协通过微信投票面向

图 4 《@ 委员们，你的表情包突然出现》文中截图

广大网民集赞，增进了民众对政协委员的了解，评论区的网民纷纷表示向优秀政协委员致敬和学习。此外，“合肥政协”公众号以各种形式展示宣传政协委员的履职风采，如《@委员们，你的表情包突然出现》一文中，市政协委员在开会时的“履职表情包”被小编捕捉到，形式新颖，活泼有趣，间接展现出政协委员认真履职的一面。

西安市政协位列排行榜的第十五名。西安市是陕西省省会、副省级城市、关中平原城市群核心城市，也是国务院批复确定的中国西部地区重要的中心城市，国家重要的科研、教育和工业基地。其地理位置的特殊性和深厚的文化底蕴备受关注。近年来，西安市政协围绕经济建设、政治建设、文化建设、社会建设、生态文明建设等方面，提出不少有益于发展的提案建议，且办复率很高。据西安市政协十五届一次会议公布，市政协十四届会议以来共收到提案 4180 件，经审查立案 3882 件，其中，委员提案 3096 件、集体提案 786 件。截至 2021 年 12 月底，提案已全部办复，大多数提案的意见建议得到采纳。值得注意的是，西安拥有着丰富的红色资源——西安烈士陵园、八路军办事处纪念馆、西安事变旧址、西安交大西迁博物馆等，这里面每一个历史事件、每一位革命英雄、每一种革命精神、每一件革命文物，都代表着我们党、我们国家走过的光辉历程、取得的重大成就，汇聚成了代代传承的红色血脉。正值建党百年的辉煌时刻，西安市政协通过召开党史学习教育动员大会、举办永远跟党走书画展、寻访党史旧址等方式开展党史学习教育，让红色文化在政协事业建设中展现出智慧的光芒。

陇南市政协位列排行榜的第十七名，与西安市政协名次接近，且同在西部地区。陇南市是甘肃省南部重要的交通枢纽和商贸物流中心，具有鲜明的地域文化特色。多年来，陇南市各级政协组织和广大政协委员，贯彻新发展理念，集中力量建设美丽乡村，努力实现生产发展、生活富裕、生

人民日报　2021年9月28日　星期二　19　党建

深度关注

湖南省岳阳市纪委监委强化监督执纪，推动解决一批群众反映强烈的急难愁盼问题

监督更有力　群众更满意

靠前监督解决出行难题

精准监督保护生态环境

全程监督防范廉政风险

红船观澜·将好作风弘扬在新时代③

“忠诚”二字重千钧

深入群众　办实事

走好新的赶考之路·县委书记访谈

甘肃省康县县委书记李廷俊——

走进民心深处，走在发展前列

“始终坚持‘实’字打头、‘干’字为先”

“共产党人干的，得是老百姓盼的”

当先锋　办实事

图5　《人民日报》发文《甘肃省康县县委书记李廷俊——走进民心深处，走在发展前列（走好新的赶考之路·县委书记访谈）》（2021年9月28日第19版）

态优美的良性循环。从全网新闻报道热词图中可以看出，“县委书记”“政协副主席”“李廷俊”等词的热度明显较高，主要是陇南市政协副主席、康县县委书记李廷俊获全国优秀县委书记受到新华网、《人民日报》、中国青年网等央级媒体报道，李廷俊的事迹也飞入寻常百姓家。《人民日报》刊发文章《甘肃省康县县委书记李廷俊——走进民心深处，走在发展前列（走好新的赶考之路·县委书记访谈）》，介绍李廷俊带领康县群众改造提升农村薄弱学校、建设农民健康示范村、推进政务服务事项“最多跑一次”改革的事迹，并评价李廷俊“始终坚持‘实’字打头、‘干’字为先”。

6 南京、苏州、泉州：立足实际提建议，打造政协工作品牌

南京市政协位列副省级、地市级政协排行榜的第十六名，中央新闻网站报道指数较为优秀。南京两会期间，部分政协委员提出的提案受到中央媒体广泛关注，增加了南京市政协品牌的曝光量，例如中国青年网对南京两会进行相关报道，典型报道有《这份提案很及时，提高教室照明减少“小眼镜”》《关蕙委员：灵活设置交通灯，别让树叶遮住交通灯也遮了行人眼》《告别“寒窗苦读”，委员建议南京小学教室逐步装空调》《委员建议加强盲道建设维护，保障视障群体出行安全》《张莅坤委员：人气文博场馆+优质内容，让“夜之金陵”演出流量变成“留量”》《让红色力量引领民营企业“加速跑”》《严震委员：扶持民办老年教育机构，让老年人“入学”不再难》《街头流浪动物增加，委员建议完善救助体系倡导“领养代替购买”》《委员建议，在孩子们的学前教育中上好“卫生健康”这一课》等，内容涉及教育、交通出行、文化宣传、营商环境、社会救助等多方面，反映出南

京市政协委员围绕民生深化履职、贡献政协智慧。此外，南京市政协非常重视民主监督。2021 年 9 月，南京市 27 名市、区政协委员被市政务办聘为“办事减负、减证便民”民主监督员。市政务办和市政协社会法制（民族宗教）委员会联合举行聘请仪式，现场颁发聘书。这是南京市政协围绕党政中心工作，深入开展民主监督，连续 4 年助推全市营商环境优化的又一切实举措。

苏州市政协位列副省级、地市级排行榜的第十八名。2021 年，进入两会时间的苏州，“GDP 迈上 2 万亿元新台阶”的消息不胫而走，再度成为刷屏的焦点。作为江苏省唯一、全国第 6 座“2 万亿俱乐部”城市，“最强地级市”的苏州受到各方关注。2021 年，“全力建设社会主义现代化强市”成为苏州引领新征程的目标追求，苏州市政协委员为助力苏州发展，提出众多有建设性的创新建议，体现出“众人协商办大事”的政协品牌。为此，苏州市政协利用协商议事会，聚焦苏州市实事项目，共商民生事业高质量发展。在实事项目的征集安排、推进实施过程中，市政协委员积极参加实事项目征集座谈会，多次实地视察督促项目进展，深入基层一线倾听群众呼声，做了大量卓有成效的工作，有力推动了实事项目进展。统筹安排好 2021 年的实事项目，对“十四五”发展开好局起好步，具有十分重要的意义。

泉州市政协位列副省级、地市级政协排行榜的第二十名。其参与评选的各项指数都较为均衡，从中央媒体报道来看，乡村振兴、文化建设、未成年人保护、两岸关系等是泉州市政协委员关注的焦点。乡村振兴方面，全国政协委员、泉州市政协副主席骆沙鸣表示，今后一个阶段要做好巩固脱贫攻坚成果与乡村振兴的有机衔接和有效衔接，解决相对贫困成为“后脱贫时代”的主攻方向。骆沙鸣建议，我国东西部地区要加强社会组织参与治理的能力，充分发挥社会组织参与乡村振兴和相对贫困治理的作用，彰显社会组织的公共性和服务性；完善中国特色社会主义救助制度，完善低收入人群脱贫的制度保障。未成年人保护方面，市政协副主席刘志平提出，要进一步扎实推进未成年人双向全面综合司法保护，“刺桐花”未成年人检察工作团队等重要窗口建设，持续构建具有中国特色的“家庭、学校、社会、网络、政府、司法”未成年人保护体系。苏金泷委员建议，对未成年人涉罪案件该严则严，当宽则宽，重在转化。同时，建立检察机关与师范类学校的工作衔接机制，增设相关师资培训课程，开展教育矫治。汤渊儒委员则认为，应建立未成年人综合保护工作体系，形成未成年人司法保护与社会保护衔接配合机制，可借助乡镇街道、社区、村等基层组织，对困境未成年人进行排查，进行分类分级帮扶。两岸关系方面，骆沙鸣表示，妈祖文化深刻影响着两岸民众的价值取向、行为方式和道德规范，是构建两岸命运共同体的重要精神动力，亦是21世纪海上丝绸之路建设的文化符号和文化使者。骆沙鸣认为，两岸民间交流看似“平常之事”，却有“非常之功”，为此他围绕大力传承弘扬妈祖文化、增强两岸文化认同感等提出一系列建议。

三、区县级政协排行分析

习近平总书记指出，“涉及人民群众利益的大量决策和工作，主要发生在基层。要按照协商于民、协商为民的要求，大力发展基层协商民主，重点在基层群众中开展协商”。所以，区县级政协在发挥社会主义协商民主的重要渠道和专门机构作用上，承担着越来越重要的任务。

总体来看，区县级政协上榜地区分布与当地经济水平、所在省份政协发展呈现出正相关、上榜单位之间差距较小的特征。具体来说，一是区县级政协排名受到所在省份经济发展状况的影响，经济发展水平较高的省份，

表 15 上榜地区区县级政协地域分布情况

排行	政协名称	归属省份	中央新闻网报道指数	中央媒体报道指数	新闻转载指数	微信公众号影响力指数	总分
1	昆山市政协	江苏省	83.74	76.03	67.61	84.03	66.36
2	六盘水市钟山区政协	贵州省	100.00	61.12	89.44	59.06	64.51
3	福州市鼓楼区政协	福建省	82.48	68.90	83.14	75.29	64.45
4	张家港市政协	江苏省	82.48	73.48	61.76	79.89	63.81
5	苏州市相城区政协	江苏省	73.45	65.97	63.41	87.13	61.23
6	兴化市政协	江苏省	94.15	47.12	57.96	81.93	59.97
7	平湖市政协	浙江省	76.53	64.35	57.09	80.98	59.57
8	大姚县政协	云南省	68.22	70.04	69.24	69.19	58.10
9	厦门市集美区政协	福建省	72.08	59.05	69.11	76.29	57.67
10	福州市晋安区政协	福建省	63.49	76.12	59.69	69.45	57.27
11	武汉市汉阳区政协	湖北省	74.73	56.97	71.99	69.72	56.88
12	苏州市姑苏区政协	江苏省	70.62	65.97	51.33	71.36	55.81
13	晋江市政协	福建省	67.35	58.81	57.53	78.00	55.26
14	海宁市政协	浙江省	71.36	58.81	51.02	76.74	55.20
15	杭州市西湖区政协	浙江省	67.35	58.81	59.76	72.39	54.42
16	洛川县政协	陕西省	96.06	74.63	83.31	0.00	54.36
17	如东县政协	江苏省	65.51	64.35	42.42	77.82	54.24
18	宁波市鄞州区政协	浙江省	66.45	56.93	42.09	84.01	53.78
19	南安市政协	福建省	55.93	63.99	43.90	85.25	53.37
20	大连市普兰店区政协	辽宁省	61.26	67.09	37.33	75.98	52.83

上榜比例也相应较高。通过对区县级政协归属省份分析，可以发现排名前三的是江苏省、福建省与浙江省，且都位于经济发展水平较高的东部地区。其中江苏省内上榜的区县级政协数量高达 6 个，占比 30%，位居榜首；福建省次之，占比为 25%；浙江省则占比为 20%。此外，贵州省、云南省、湖北省、陕西省及辽宁省区县级政协上榜数量均为 1，占比 5%。二是区县

表 16　上榜地区区县级政协归属省份分析

排名	归属省份	数量	占比
1	江苏省	6	30%
2	福建省	5	25%
3	浙江省	4	20%
4	贵州省	1	5%
5	云南省	1	5%
6	湖北省	1	5%
7	陕西省	1	5%
8	辽宁省	1	5%

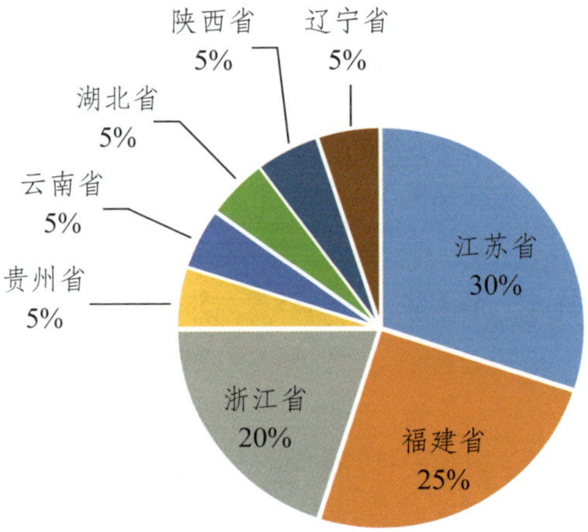

图 6　上榜地区区县级政协归属省份占比图

级政协排行与省市级政协排行亦呈正相关趋势。结合省市级政协排行，可以发现除六盘水市钟山区政协、云南省大姚县政协、武汉市汉阳区政协以外，其他区县政协所属省市政协均在榜单内。三是上榜区县级政协之间分值差距较小，发展较为均衡，对比之下，省级政协与市级政协第一名与第二十名的差值较大，分别为 33.98 分与 17.05 分。

下文重点分析排行前三的区县级政协，包括昆山市政协、六盘水市钟山区政协与福州市鼓楼区政协，主要分析其位居前列的成因、宣传渠道与内容特色。通过对数据分析可得，前三名总分都在 64 分以上，且各个分项指标的分值较高。尤其是昆山市政协中央媒体报道指数为 76.03，在中央媒体报道中稳居榜首；六盘水市钟山区政协在中央新闻网站报道指数最高，新闻转载指数为 89.44 分，双双位于区县级排行榜第一名；此外，福州市鼓楼区政协在文化遗产保护与旅游方面的工作尤为突出。

1 昆山市政协：位居榜首，综合实力最强

昆山是苏州市下辖县级市，昆山市政协以 66.36 分的最高分位居榜首，尤其是在中央媒体报道中表现最佳，堪称典范。2021 年昆山市政协成绩显著与当地经济发展、媒体报道与区域工作特色息息相关。

昆山市政协排名最高与该市经济发展水平密切相关。昆山市位于江苏省东南部，所处位置得天独厚，西临苏州，东接上海，是苏沪之间重要的交通枢纽。昆山市作为连续 17 年稳居全国百强县之首的城市，2021 年全市完成地区生产总值 4748.06 亿元，第二产业与第三产业发达。一方面，正是由于昆山市经济与物质条件发展水平较高，助推昆山市政协的发展。另一方面，恰恰是昆山市政协把不断满足人民对美好生活的需要、促进民生改善作为重要着力点，抓住民生领域实际问题做好工作，集民智汇民意凝民心，积极建言献策，促进当地政策制定更符合发展规律，反过来也促进了当地经济的持续发展。

从媒体报道方面来看，昆山市政协中央新闻网站报道指数、中央媒体

报道指数、新闻转载指数与微信公众号影响力指数均为高分，其中中央媒体报道指数排名第一。根据数据显示，2021 年中央新闻网站对昆山市政协的报道为 20 篇，主要是人民政协网、中国网、国际在线等中央媒体对昆山市政协工作的关注。其次，中央媒体报道量为 19 篇，排名第一。如 2021 年 8 月 20 日，法治网数字报刊发文章《政协民主评议从“面面俱到”到“解剖麻雀”》，文章评议昆山市政协参与全市城市管理工作。最后，从工作特色上来看，昆山市外资企业发达，是国内首屈一指的“台资高地”，昆山市政协在外资企业发展过程中起到积极推动作用。此外，江苏昆山作为昆曲的发源地，昆曲的保护、传承与发展工作亦受到昆山市政协委员的积极关注，如 2021 年 8 月 10 日，昆山市政协召开“进一步扩大昆曲传播度，提升昆曲文化影响力”专题协商会，协商推进昆曲文化传承发展工作。

2 六盘水市钟山区政协：乡村振兴工作突出

在媒体报道方面，贵州省六盘水市钟山区政协的中央新闻网站报道与新闻转载指数位居第一，主要与贵州省六盘水市钟山区政协党组成员、海嘎村第一书记杨波荣获第 25 届“中国青年五四奖章”有关，受到人民网、光明网、新华社、《中国青年报》、中国文明网等中央媒体的积极报道，其他媒体纷纷转载，传播量较大。如 2021 年 5 月 14 日，中青在线刊发文章《共青团中央、全国青联颁授第 25 届中国青年五四奖章》，文称：近日，贵州省六盘水市钟山区政协党组成员、海嘎村第一书记杨波荣获第 25 届“中国青年五四奖章”。杨波同志 11 年如一日扎根基层，为群众办实事、解难题。争取项目资金 400 余万元，实施四级提水、林下养鸡、公路建设、村寨提级改造等项目。牵头制定村级规划，建立“小康台账”，成立合作社 2 个，培训农民 1000 余人次。该文转载量达 98 次，传播面较广。

在区域特色上，2021 年六盘水市钟山区政协乡村振兴工作尤为突出。一方面，六盘水市钟山区政协积极响应中央号召，推进乡村振兴工作。钟山区是国家西部大开发战略、脱贫攻坚成果样板区的区域之一。2022 年 1 月 26 日，国务院发布《国务院关于支持贵州在新时代西部大开发上闯新路的意见》，意见明确指出推动巩固拓展脱贫攻坚成果同乡村振兴有效衔接，全面推进乡村产业、人才、文化、生态、组织振兴，加快农业农村现代化，走具有贵州特色的乡村振兴之路。钟山区亦是西部大开发战略的重点地区。2021 年钟山区政协组织开展乡村振兴专题会，并组织政协委员实地考察调研区内农村，深入了解“三清三拆”人居环境整治工作情况，并提出工作意见和建议，积极改善农民居住环境。另一方面，钟山区政协深入基层，关注儿童与老年人群体，致力于让偏远地区的孩子享受优质教育资源，让公共文化惠及更多民众。如开展儿童节与重阳节慰问、走进梦想公益课堂、公共文化服务体系调研等一系列活动。

3 福州市鼓楼区政协：文旅结合是亮点

2021 年福建省福州市鼓楼区政协工作卓有成效，各项指数均位于榜单前列，总分位居第三，其中将文化遗产保护与生态旅游相结合是福州市鼓楼区政协工作的一大亮点。

非物质文化遗产是中华优秀传统文化的重要组成部分，是中华文明绵延传承的生动见证。习近平总书记强调，保护好、传承好、利用好非物质文化遗产，对于延续历史文脉、坚定文化自信、推动文明交流互鉴、建设社会主义文化强国具有重要意义。鼓楼区隶属于福建省福州市，处于省会城市的核心区，历史文化悠久，旅游业态丰富。区内有福州三坊七巷、都城隍庙、裴仙宫、开元寺等古代建筑，尤其是鼓楼区三坊七巷历史文化街区闻名遐迩，于 2022 年 1 月 10 日入选为首批国家级旅游度假区。2021 年福州市鼓楼区政协落实国务院《关于进一步加强非物质文化遗产保护工作的意见》，积极推动当地非物质文化遗产保护传承，加大对非物质文化遗产传播普及力度。对此，中央新闻媒体及该区微信公众号报道较多。如人民政协报、人民政协网、中国文明网等中央媒体对福州市鼓楼区政协推动"文旅产业发展工作"进行报道，引发其他媒体大量转载。如 2021 年 7 月 14 日，《人民政协报》刊发文章《福建福州市鼓楼区政协专题协商全域生态旅游示范区建设从旅入手向文挖掘》，文称：政协委员们呼吁，充分发挥鼓楼区景在城中、城景融合的区位优势，持续优化旅游发展环境，加大品牌创建和宣传推介力度，大力发展"旅游 +"新业态。此外，政协委员还为文化遗产保护积极建言献策、开展实地走访调研。如全国政协委员陈建华建议扎实做好海峡两岸古厝文化的保护、传承、创新工作，及时完善相关区域协同工作机制，促进海峡两岸古厝文化发展；福州市鼓楼区政协委员考察福州历史文化名城展示馆及福州古厝展示馆，就进一步推进文脉传承、城市文化发展提出建议，为宣传福州市历史人文底蕴，推动古厝的合理利用与创新转化贡献力量。

4 张家港市政协、苏州市相城区政协：地缘相近，位居榜单前五

张家港市与苏州市相城区同属于江苏省苏州市，距离较近。张家港市政协与苏州市相城区政协分别位于排行榜的第四名与第五名，二者既存在一致性，也具有差异性。

就一致性而言，从地理位置来看，张家港市位于太湖流域，是苏州的一个县级单位；相城区是苏州市的下辖区，位于苏州市主城区北部，地缘相近；从经济发展水平来看，二者经济发展程度都比较高。据中郡研究所发布的《2021县域经济与县域发展监测评价报告》，张家港市位居县域经济与县域综合发展前100名中的第三名；相城区则是苏州对外的重要枢纽地、市级功能的核心承载区，产业发展势头强劲。

就差异性而言，张家港市政协与相城区政协各有特色。张家港市政协工作受到中央新闻媒体的多次报道，报道量达31篇，《人民日报》、新华社、《人民政协报》、人民网、人民政协网等中央媒体对张家港市政协乡村振兴、民主协商、党史学习教育等内容进行报道。如2021年5月27日，《人民日报》刊发文章《搭平台、建机制，江苏省张家港市政协委员访民情问民意——为民办实事履职落实处》，文称：近3年来，张家港300多名委员深入基层访民情、问民意，累计收集到反映社情民意信息1000余条，并通过专报方式，及时准确反映给党委、政府和相关部门。让委员履职落到实处，不仅拉近了委员与基层干部、群众的距离，同时也扩大了政协在基层的影响。此外，2021年张家港市政协聚焦民生，在全市范围内积极开展民主协商，全年累计开展协商议事活动400多场次，解决民生问题近300件，1个协商案例入选省政协优秀案例，为基层社会治理注入政协协商元素。

苏州市相城区政协的微信公众号运营具有特色，影响力指数为87.13分，

微信公众号影响力指数排行榜首。这源于苏州市相城区政协微信公众号稳定的发文量与优质的文章内容。首先，2021 年该微信公众号共发文 410 篇，基本做到每日更新，输出内容十分稳定，能够长期引发受众关注。其次，内容丰富，板块设置合理，如有“政协会议”“有事好商量”“委员说”“委员风采”“书相政协”等板块，让民众能够及时了解苏州市相城区政协的具体工作。“政协会议”及时对会议内容进行公开，“有事好商量”就民众关心的问题展开民主协商，切实解决实际问题；“委员说”“委员风采”“书相政协”更是拉近了委员们与民众的距离，使得委员们提交的提案、意见建议、读书分享能够被群众所了解。如文章《委员风采丨宫长义：以奋斗求索成长》，获得 8775 次的阅读量；文章《委员风采丨金向华：打造行业第一民族品牌》，获得 5372 次的阅读量。

5 兴化市政协、嘉兴市平湖区政协、云南省大姚县政协：聚焦水体生态环境保护、农业经济发展、脱贫攻坚

江苏省兴化市属泰州市，境内河道纵横，湖荡密布，水域面积近 120 万亩，河蟹养殖业发达。在此背景下，2021 年江苏省兴化市政协坚定不移推进绿色发展，把水体生态环境保护摆在更加突出的位置，为河水环境保洁、退渔还湖等贡献力量。一是委员们开展“以点带面推进养殖污染治理建设生态水美河蟹之乡”协商议事活动，参观亲蟹体验区和生产车间，为河蟹养殖污染治理新模式建言献策；二是关注蜈蚣湖退渔还湖后的生态修复情况；三是围绕“梓辛河获垛段样板河打造”开展协商，巡查盐靖河水环境保洁、河道两岸生态建设及长效管护措施落实等工作情况，分析所存在的问题并给出意见。一年来，兴化市政协围绕养殖污染治理、水体生态保护

献良策、破难题、达共识、聚群力，促进协商成果的转化落实，强化了兴化市社会主义生态文明建设。

浙江省嘉兴市平湖区是全省第一个农业经济开发区，而且在全省首创了农业经济开发区发展模式。2021 年浙江省嘉兴市平湖区政协为促进平湖区高质量发展，推动农业经济发展积极贡献力量。如嘉兴市平湖区政协聚焦农业经济发展，创新协商平台载体、下沉协商力量，以“局长与委员面对面”形式，邀请政协委员、农业经营主体与市级有关部门、银行负责人，开展面对面协商，共谋农业经济发展良策，最终达成了全力推动农业生产设施所有权等“五权”抵押贷款扩面提质的共识。此外，委员们还关注浙沪毗邻区域农业产业合作增效与农民共富，积极推动浙沪农业经济一体化建设，寻找浙沪两地农业产业发展的共同点，致力于破解平湖区与浙沪毗邻区域边界断头路、边界河道长效保洁等民生问题，增强了浙沪民众的获得感。

大姚县，隶属云南省楚雄彝族自治州，是国家脱贫攻坚的重点地区。2021 年云南省大姚县政协为带领群众脱贫攻坚，走上致富路，做出诸多努力。一是大姚县政协带领县内六苴镇波西村村民养殖致富，引进了藏香猪绿色生态养殖项目。前期大姚县政协派出工作组，邀请专家来到村里，让群众了解藏香猪饲养工作。大姚县政协还主动牵头争取上级支持，建设藏香猪养殖饲料加工厂。此外，县政协还帮助村民成功解决了藏香猪养殖和销路难题，带动了整村产业发展、群众增收致富，把基层协商落到实处。二是委员们参与指导春耕备耕工作。政协农业农村界别的委员发挥专业优势，制作、下发 2021 年大春粮经作物主推品种和技术明白卡，逐户进行农业科技指导服务，为全县良种良法推广提供技术保障。三是委员们提出“加强农村中药材产业发展”“加强新型农业经营主体培育”的建议，相继得到政府及相关部门的采纳，尤其是建立了重楼中药示范种植基地，促进了重楼产业的稳续发展，带领村民发家致富，切实提高了村民收入。

6 厦门市集美区政协、福州市晋安区政协、武汉市汉阳区政协、苏州市姑苏区政协：

推动夜间经济发展、红色文化传承、老旧小区改造、文化保护

福建省厦门市集美区作为嘉庚精神的发源地和跨岛发展桥头堡，文旅资源丰富，集美新城、软件园三期等都是发展高端消费服务业的优势载体平台。为提高集美区经济效益，厦门市集美区政协就当地发展夜间经济、打造消费服务业新高地建言献策，对于打造集美夜间经济特色，推动集美区经济发展作出积极贡献。如组织召开高校政协委员季谈会，参会委员来自高校、企业，围绕“加速聚集人气商气，打造消费服务业新高地”贡献智识。一是依托厦门北站、集美新城等载体，打造厦门市乃至闽西南区域旅游集散中心，吸引流量；二是进一步深耕近年来大力发展的研学旅游资源，包括成立研学协会、打造培训之都等，进一步聚集人气；三是设立城市“夜间管家”即夜间经济服务中心，开放“夜经济”公共服务热线，由各部门轮班驻点、及时协调处理各类问题，打造安全的夜间消费环境。

福建省福州市晋安区，自古以来就是“入省孔道”“通京要道”，也是闽越文明的发祥地之一。晋安区具有悠久的历史文化和光荣的革命传统。在新民主主义革命的各个历史阶段，众多晋安优秀儿女，谱写出许多可歌可泣的辉煌篇章，留下了许多珍贵的革命遗址，如宦溪镇降虎村红军纪念园、八一七革命烈士公园等。福州市晋安区政协深入贯彻落实习近平总书记重要指示，按照“学史明理、学史增信、学史崇德、学史力行”总要求，把“学党史、悟思想、办实事、开新局”贯穿学习教育始终，在传承红色文化、开展党史教育方面工作突出。福州市晋安区政协多次开展“学党史悟初心”学习座谈暨主题党日活动，不仅认真研读党史著作，系统学习中

共党史知识，而且还充分利用当地红色资源，实地参观福州市内红色教育基地，缅怀革命先烈，追忆革命历史。这一系列党史教育使得晋安区政协委员实现了思想的再洗礼，并进一步把学习成果落实到为民办实事中，为实现中华民族伟大复兴凝聚强大力量。

2021 年湖北省武汉市汉阳区政协关于老旧小区改造议题开展基层协商，为提升老旧小区功能品质、展现文化特色、优化物业服务建言献策，有效改善了居民生活环境，提高了民众对生活环境的满意度。武汉市汉阳区是原国有企业集中的老城区，存在着老旧小区数量多、基础设施建设不完善的问题。在此背景下，汉阳区政协以老旧小区改造为主题召开协商会，会议不仅有专家、委员出席，还邀请群众代表参加，对老旧小区改造问题发表意见，会上所提建议引起政府部门的重视。此外，汉阳区政协委员在开展实地走访调研老旧小区时，发现小区改造缺少文化专业支持和服务供给、文化基础设施不够健全、常态化文化活动欠缺等问题，并提出重视小区市井文化，让居民们更大程度参与文化改造的建议。

2021 年江苏省苏州市姑苏区政协致力于当地文化保护工作，多次就相关议题展开协商。一是姑苏区政协开展“古城保护更新利用”专题协商会，并依托“姑苏共话”协商平台，与政府职能部门工作人员面对面沟通，委员们关于古城保护提出的问题受到有关负责人现场逐一回应，有利于古城保护政策的落地；二是举行“提炼提升虎丘文化特色品牌”协商活动，委员们和知名文化专家、民俗专家分别就文化 IP 打造、特色品牌项目打造、非遗文化传承等方面发表意见，如提出要做好虎丘文化提炼、立足大运河文化、江南文化战略等建议，助力虎丘地方文化的传承；三是举行“推动平江古巷导览标识新媒体化，扩大江南文化品牌影响力”协商议事会，委员们就如何规范古巷导览标识标准、做好平江地名保护、导游系统如何升级等问题进行深入探讨，并为塑造江南文化建言献策。

7 晋江市政协、海宁市政协、杭州市西湖区政协、延安市洛川县政协：

经济高质量发展、直播经济、高校经济、苹果产业发展是亮点

福建省晋江市是由泉州市代管的县级市，在2021年百强县中排名第四，是全国县域经济发展典范、中小城市建设样板。因此，经济发展是晋江市政协所关注的重点。福建省晋江市政协聚焦当地企业发展，组织一系列调研活动，为实现经济高质量发展贡献智识。首先，全力做好“老旧工业园区提升改造”专项监督工作，组织委员深入镇街、企业持续调研；其次，关注国有企业改革，协助全国政协开展“科技创新企业发展”专题调研；最后，精心开展“提升机械制造业国际竞争力”“做大做强食品饮料业”“加快推进工业互联网赋能制造业高质量发展”等专题调研，在泉州市委与政协专题协商会上建言发声，提出做大做强产业等建议。晋江市政协将民主协商落到实处，做到有事多商量、有事好商量、有事会商量，通过协商凝聚共识、凝聚智慧、凝聚力量，为该市高质量发展作出积极贡献。

2021年助力海宁市直播经济发展是浙江省海宁市政协工作的一大亮点。为了让拥有皮革、家纺等消费终端产业的海宁借助互联网直播经济的良好发展势头，提高当地经济效益，海宁市政协开展了多项工作。一是成立经济与人口资源环境委员会课题组，深入调研海宁市直播基地，为海宁直播电商发展建言献策，促进了政府部门对海宁直播经济的扶持力度。二是海宁市政协为提出关于直播经济更多卓有成效的意见与建议，主动开展学习活动，学习直播经济知识。如举办2021年第四期委员“四季讲堂”，邀请电子商务专家作《直播电商行业洞察》专题讲座，加深了委员对直播电商产业的深入了解。三是海宁市政协围绕“关于构建海宁市直播电商产业健

康发展格局的调研与思考”课题开展专题协商，为推动当地经济高质量发展，促进共同富裕提供智识。

西湖区是浙江省杭州市高校院所资源与科研人才最集中的城区之一，区内有浙江大学、西湖大学、中国美院、浙江工业大学等18所高校、28家科研院所、112个下属科研平台。杭州市西湖区政协以西湖区得天独厚的教育与人才资源为着力点，发挥区位优势，开展专题协商，助推西湖区高校经济高质量发展。例如，委员们通过实地调研，先后走访调研多家高校院所、中介机构、企业，采用问卷调查法与访谈法深入调查西湖区高校经济发展状况，并形成高质量调研报告，反馈给政府部门。其次，针对西湖区高校经济发展过程中存在的区校双方参与愿望不对等、成果转化路径不畅通、政策支持条件不充分等问题，委员们给出针对性建议。如依托现有“西湖智创汇”“高校直通车”等载体，主动走入高校、服务高校，做好宣传工作；推动高校经济项目合作沟通；建立多维人才评价体系，培育专门人才队伍等。此外，西湖区政协为助力西湖区科技成果转化、新兴产业培育、体制机制创新贡献了积极力量。

2021年陕西省延安市洛川县政协聚焦中心、服务大局，不断深入开展民主协商。延安市洛川县政协全年先后召开33次党组会议、31次主席会议、22次常委会会议，围绕全县经济社会发展中的新情况、新问题展开协商，提出意见建议100多条，尤其是结合洛川县作为苹果产地这一优势，为充分发挥果研所、苹果试验站、苹果大观园对苹果产业的引领作用做出诸多努力。如委员们围绕苹果营销和苹果产业发展的主题组织开展了专题协商，部分委员历时数月，深入镇街村组、专业合作社和龙头企业，开展了先期调研，与县委、县政府多次座谈，就苹果产业整理提出数十条具有可操作性的意见和建议，得到了县委、县政府及有关部门的一致好评，为洛川县苹果产业持续健康发展凝聚力量，促进洛川县苹果增产增收，切实提高当地农民收入。

8 南通市如东县政协、宁波市鄞州区政协、南安市政协、大连市普兰店区政协：

水污染治理、公交个性化服务、数字经济、抗疫工作表现突出

2021年江苏省南通市如东县政协在水污染治理方面卓有成效。例如，如东县政协围绕“有事好商量·国考断面水质稳定达标”主题召开协商议事活动，其中参会人员广泛，有县污染防治攻坚办、住建局、农业农村局、水务局、生态环境局等多个部门负责人，还有基层群众代表。参会人员围绕生活废水、工业废水、养殖废水、农田退水、黑臭河水这五个重点展开讨论，指出目前水污染治理中存在的问题并提出应对方案。此外，对于群众所反映的加快农村污水管网建设，收集处理农村生活污水等建议，亦引起政府部门的重视。如东县政协在民主协商过程中表现优异，不仅议题设置贴合群众生产生活，而且参加协商的人员层次和结构合理，特别是会前深入督察和调研，为规范有效协商打下了基础。

提供公交个性化服务是浙江省宁波市鄞州区政协工作的一大亮点。宁波市鄞州区积极落实国务院“双减”（有效减轻义务教育阶段学生过重作业负担和校外培训负担）规定，自2021年各中小学生秋季开学后，各小学实施课后托管、初中实行夜自修，学生放学时间推迟，放学高峰与下班高峰时间重叠。因此，该时段内交通堵塞、公交拥挤等问题频发。对此，宁波市鄞州区政协为解决群众出行不便问题建言献策。如委员们提出，首先，交通、公安、学校多部门联动，掌握所在辖区内学校各年级放学时间与人数，制定交通管控预案；其次，合理安排警务岗位，护学期间派出充足警力，持续加大周边道路管控力度，最大限度减少车辆滞留；最后，交通管理部门主动对接学校，了解学生对公共交通的需求，适时优化公交运营路线、

增加运营班次、调整运营时间。委员们的建议受到政府部门的快速响应，公交班次也相应增加，不仅有效缓解了交通拥堵与群众出行压力，而且有助于民众绿色出行，实现了利民与环保的双赢。

我国高度重视数字经济发展，党的十九届五中全会明确指出，发展数字经济，推进数字产业化和产业数字化，推动数字经济和实体经济深度融合，打造具有国际竞争力的数字产业集群。福建省南安市政协在数字经济工作方面可圈可点。如组织开展“加快全市数字经济发展”专题调研活动，委员们通过走访生产车间，详细了解企业数字化改造建设成果和应用情况，听取企业在数字化改造过程中存在的困难，对南安市数字经济发展提出意见建议。此外，委员们还提出进一步完善工作机制、制定产业发展规划、加大招商引资力度、落实各项惠企政策等举措，建议政府加快高位对接“数字经济”人才，建立“大数据中心”。这在一定程度汇聚了数字经济发展合力，激发了全市数字经济发展活力。

2021 年，大连市面临新冠肺炎疫情的严峻考验，大连市普兰店区政协坚持人民至上、生命至上的理念，积极投身抗疫工作，为战胜病毒、保障人民生命健康贡献了政协力量。普兰店区的政协委员，特别是医疗卫生系统的委员们，积极投身于新冠肺炎疫情防控工作，坚守工作岗位、冲锋在前，切实保障人民群众生命安全。一是开展疫情预警分析和风险点研判，指导基层开展防疫工作，联系密接人员集中隔离，从而降低疫情扩散风险；二是助力疫情防控物资保障工作，向普兰店区内街道捐赠防护服、口罩、手套等防疫物资，以及落实物资发放情况，为基层单位的防疫工作提供了保障；三是多名政协委员投身一线，主动到社区做志愿者，在小区内卡点站岗、协助医务人员为社区居民做核酸检测等，用实际行动彰显了普兰店区政协的责任与担当。

政协热点提案

“国以民为本，社稷亦为民而立。”人民政协始终同人民站在一起，为人民利益而奋斗。从 2021 年的政协热点提案来看，政协委员们重点关注民生民意，涵盖教育发展、未成年人保护、就业保障、医疗卫生、婚姻生育等与人民生活息息相关的内容。委员们就民众切实关注议题建言献策，为推动社会发展贡献智识。

一、教育发展

“教育兴则国家兴，教育强则国家强。”建设教育强国是实现中华民族伟大复兴的基础工程。政协委员密切关注中小学教育、高考与高等教育，切实反映学生、家长与老师的心声，为我国教育发展建言献策。

一是中小学教育。中小学生作业繁重，做作业占据了大量课外时间，而且还要上语数外等学科类培训班或音乐美术等特长班，体育活动与娱乐时间被严重压缩。对此，多名政协委员针对中小学生学业与校外培训负担过重的问题提交提案。如全国政协委员马光瑜建议取消小学生家庭作业，推迟小学放学时间，与父母下班时间相一致，让学生做完作业再回家；全国政协常委袁亚湘不建议普通孩子学奥数，认为不喜欢数学的孩子学奥数，可能会使孩子丧失学习兴趣；全国政协委员李心草则认为音乐类考级制度在很大程度上打击了孩子们对音乐的兴趣，建议调整或取消音乐类考级制度。

表 17　政协委员热点提案

序号	热点提案	全网信息量
1	全国政协委员马光瑜：建议取消小学生家庭作业	632226
2	全国政协委员李国华：建议对 996 工作制监管	481590
3	全国政协常委袁亚湘：不建议普通孩子学奥数	479053
4	全国政协委员周世虹：建议以套内建筑面积计价销售商品房	313179
5	全国政协委员孙洁联名提交提案：建议应届生身份保留延长至 5 年	248134
6	全国政协委员于欣伟：建议婚恋教育设为大学必修课	213162
7	全国政协委员磨长英：建议主流媒体适当减少娱乐栏目比重	187835
8	全国政协委员张连起：建议 9 月 30 日定为成人节	182749
9	全国政协委员吴仁彪：建议高考时间微调到 6 月的第一个周末	182658
10	全国政协委员刘三阳：建议调整小学入学年龄划分节点	169459
11	全国政协委员唐江澎：建议高考可以让学生选择性考试	164251
12	全国政协委员许进：建议取消英语中小学主科地位	154965
13	全国政协委员张树华：建议警惕一些影视作品伪娘化	152829
14	全国政协委员鲁晓明：建议法定结婚年龄降至 18 岁	151145
15	全国政协委员敖虎山：呼吁将 120 设为国家急救日	146858
16	全国政协委员杨国强：建议国家立法年满 20 岁才能工作	141579
17	53 名全国政协委员联名提案：建议将教师节改设于孔子诞辰日	141269
18	全国政协委员宋治平：建议产假延长至 3 年到 6 年	139727
19	全国政协委员陈薇：建议培养生物防御骨干人才	123985
20	全国政协委员谢文敏：建议将生育成本全面纳入社会保障体系	120616
21	全国政协委员徐丛剑：建议对农村居民免费接种 HPV 疫苗	118242
22	全国政协委员李心草：建议调整或取消音乐类考级制度	110883
23	全国政协委员李冬玉：建议人口低于 10 万的小县合并	107325
24	全国政协委员蔡黄玲玲：香港的教育必须向祖国学习	103028
25	全国政协委员吕焕斌：建议适当恢复电视剧中插广告	101447
26	全国政协常委朱永新：建议家庭教育立法让父母持证上岗	100030
27	全国政协委员俞敏洪：建议将儿童孤独症筛查入医保	99225
28	全国政协委员韦震玲：建议提升营销号诽谤成本	98059

（续表）

序号	热点提案	全网信息量
29	全国政协委员杨军日：建议男女共担社会化分担家务	91042
30	全国政协委员马秀珍：建议明确中学性教育课时安排	75147
31	全国政协委员谢文敏：建议鼓励用人单位为职工提供托幼服务	65366
32	全国政协委员孙承业：建议禁止向未成年人销售电子烟	52546
33	全国政协委员丁磊：建议提高男性共同抚养责任	48481
34	全国政协委员李景虹：建议严惩恶意欺凌他人的青少年	45560
35	全国政协委员李华栋：建议加强小龙虾等入侵物种生态防控	35431
36	全国政协委员刘焱：建议提高无编幼儿教师待遇	35252

委员们关于中小学生课外作业与校外培训负担过重的提案亦引起中共中央、国务院的高度重视。对此，2021 年 7 月 24 日，中共中央办公厅、国务院办公厅印发了《关于进一步减轻义务教育阶段学生作业负担和校外培训负担的意见》，并对有效减轻义务教育阶段学生过重作业负担和校外培训负担作出明确指示，其中包括全面压减作业总量和时长，减轻学生过重作业负担；坚持从严治理，全面规范校外培训行为等措施；确定北京市、上海市、沈阳市、广州市、成都市、郑州市、长治市、威海市、南通市为全国试点，在坚决压减学科类校外培训、合理利用校内外资源、强化培训收费监管等方面进行试点探索。以北京为例，2021 年 8 月 17 日，北京市教育委员会刊发文章《北京市“双减”工作推进情况、主要思路和举措以及新学期重点工作》，文称：北京市落实“双减”政策不仅减少了校外学科类培训，而且在教学、作业、辅导上也有新变化，促进更多教师跨校、跨学区流动，辐射优质教育服务；提质增效，做实做强校内保障；促进家长与学校的沟通。2022 年 2 月 8 日，教育部在其官网发布了 2022 年的工作要点，共有 35 项。“双减”依然是教育部 2022 年工作中的“重中之重”，教育部特别提出要指

导各地对于非学科类培训机构的区分，体现公益属性，实现常态化监管，防止出现新的野蛮生长。

目前，我国青少年青春期发育年龄提前，青少年面对情感的年龄越来越早。然而，网络信息良莠不齐，仍有大量色情、性犯罪不加筛选地呈现在中学生面前，在这种环境下导致青少年产生不健康的性观念，再加上学校教育中生理卫生知识与性教育的教材和授课方式不够完善。对此，全国政协委员马秀珍建议明确中学性教育课时安排，设置性健康教育教师岗位等。随后，教育部就《关于加强我国青少年性健康教育的提案》与中央网信办、国家卫生健康委、共青团中央、全国妇联进行商议并作出答复。2021年10月15日，教育部发文《关于政协第十三届全国委员会第四次会议第4086号（教育类393号）提案答复的函》（教体艺提案〔2021〕451号），文称：性健康教育是学校健康教育的重要内容，加强性与生殖健康教育对提升学生健康素养、促进学生全面发展有着重要意义。

目前，教育部对此十分重视，采取了一系列措施推进学校性与生殖健康教育工作，不仅制定政策文件，对学校性与生殖健康教育内容提出要求，而且多途径开展性与生殖健康教育在内的学校健康教育。

二是高考。高考对考生而言，是检验寒窗苦读十余载成果的大考，甚至是人生利害攸关的转折点；对国家而言，高考则是选拔人才、推动社会发展的重要制度。高考每年都会受到全民高度关注，亦是政协委员聚焦的热门议题。在高考时间设置方面，全国政协委员吴仁彪建议高考时间微调到6月的第一个周末，而非固定的6月7日和6月8日。他表示，如果高考这两日刚好是工作日，很多考生家长需要请假专门陪孩子参加高考，而且城市一般会采取交通管制措施，这会给其他市民的出行带来困扰。在高考考试标准方面，全国政协委员唐江澎建议高考可以让学生选择性考试，不把分数作为唯一标准。建议高考实行双考双筛制，第一次是资格线、水平线考试，第二次可以通过划定分数线，让学生有侧重、有专业地选择性考试。

三是高等教育。应届毕业生身份保留与应届生户口、考试资格、就业息息相关，针对此议题，全国政协委员孙洁与其他委员联名提交一件提案，建议应届生身份保留延长至5年，取消部分地区落户和招聘中对应届生的硬性规定，促进有生育安排的女大学生就业。将应届生身份保留年限从当前的2年延长到5年甚至取消，打破当前“毕业—就业—结婚”的模式。该提案在新浪微博平台引起热议，话题#建议应届生身份保留延长至5年#阅读量达6.5亿，讨论量为4.3万。此外，当前大学生婚恋情感教育缺失，不利于大学生树立正确的恋爱观，导致其在面对感情和恋爱挫折时容易出现偏激行为。全国政协委员于欣伟建议将婚恋教育设为大学必修课，通过课堂教学、专题讲座等方式对大学生进行婚恋教育，结合实际案例系统编撰婚恋教育课程教材，引众多网民点赞。

四是爱国教育。爱国主义是民族精神的核心，是中国人民和中华民族同心同德、自强不息的精神纽带。习近平总书记指出，要重视加强学校思想政治教育，把爱国主义精神贯穿各级各类学校教育全过程，把爱我中华的种子埋入每个青少年的心灵深处。其中，针对目前香港爱国教育可能存在的问题，全国政协委员蔡黄玲玲建议香港的爱国教育必须引起重视。该问题也引起官媒和高层重视，2021年7月10日，环球网刊发文章《林郑月娥：应理直气壮在港推行爱国主义教育，弘扬爱国主义精神》，文称：行政长官林郑月娥7月10日参加香港爱国主义教育高峰论坛并致辞。林郑月娥表示，爱自己的国家是天经地义的事，她还呼吁香港教育界必须注重学生的国民教育，加强引导，着力推行对青少年的爱国主义教育。

此外，幼儿教师收入普遍偏低的现状，亦是委员们长期关注的议题。目前幼儿园教师的工资待遇与编制相挂钩，部分无编幼儿教师的工资待遇较低，并且解决编制难度较大。对此，全国政协委员刘焱建议提高无编幼儿教师待遇，逐步完善普惠性民办幼儿园的财政补助制度。

二、未成年人保护

“少年强则国强，少年进步则国进步。”党和国家历来高度重视未成年人保护工作。习近平总书记多次强调，培养好少年儿童是一项战略任务，事关长远。未成年人的健康成长关乎亿万家庭的幸福安宁。根据 2018 年中国成人烟草调查结果，15—24 岁年龄组人群电子烟使用率为 1.5%，如何让青少年远离电子烟是政协委员关心的问题。对此，全国政协委员孙承业建议严格执行未成年人保护法，禁止向未成年人售烟包括电子烟，加快电子烟行业规范出台，让管理有法可依，并且要制定电子烟生产、销售等综合管理办法。其次，青少年欺凌事件时有发生。在执法过程中，司法机关对青少年欺凌案件基本是从宽处理，使施暴方无法得到应有的惩罚，尤其对欺凌教育防护方面的社会责任、家庭责任、学校责任的界定厘清缺少明确规定。在此背景下，全国政协委员李景虹建议严惩恶意欺凌他人的青少年。具体包括制定关于青少年欺凌事件的防护以及发生后的处理引导文件和具体的工作手册，帮助校方和其他青少年相关的社会机构正确防护和处理青少年欺凌事件。同时，完善相关惩罚约束机制，通过法律明确校园欺凌施暴方家长的监护责任，对恶意欺凌他人的青少年，采取严厉的惩戒措施并记入个人档案，相关结果作为后续个人升学和就业的重要参考指标或评分依据，以起到警戒作用。

近年来，政协委员对加强未成年人保护起到积极推动作用。一是相关提案受到政府部门的重视，积极推动了未成年人保护法的修订，且新法已于 2021 年 6 月 1 日生效。二是十三届全国政协第 58 次双周协商座谈会围绕“促进未成年人权益的司法保护”主题协商座谈，委员们围绕未成年人保护工作建言资政，提出完善未成年人犯罪记录封存管理制度，有效保护未成年人的隐私权、受教育权等合法权益；强化未成年人权益司法保护专门力量建设等多条建设性意见。三是国务院对委员关于建议禁止向未成年人销售电子烟与严惩恶意欺凌他人的青少年的提案作出回应。2021 年 6 月 6 日，《国务院未成年人保护工作领导小组关于加强未成年人保护工作的意见》中对向未成年人销售电子烟与青少年欺凌事件作出明确指示。一方面，严格禁止向未成年人销售烟（含电子烟）、酒、彩票或者兑付彩票奖金。依法依规及时清理中小学校、幼儿园、托育机构周边设置的营业性娱乐场所、酒吧、互联网上网服务营业场所及烟（含电子烟）、酒、彩票销售网点；另一方面，有效防范学生欺凌。进一步完善考评机制，将学生欺凌防治工作纳入责任督学挂牌督导范围、作为教育质量评价和工作考评重要内容。建立健全学生欺凌报告制度，制定学生欺凌防治工作责任清单，压实岗位责任。指导学校定期全面排查，及时发现苗头迹象或隐患点，做好疏导化解工作。完善校规校纪，健全教育惩戒工作机制，依法依规处置欺凌事件。

三、就业保障

就业是民生之本、财富之源。稳就业、保民生是工作的重点，其中保障劳动者合法权益亦是稳就业的重要组成部分。改革开放以来，中国仅仅用了 40 多年的时间走了发达国家 200 多年工业化和城市化的进程，一跃成为世界第二大经济体。在我国经济快速发展的同时，民众的工作节奏与生活节奏随之加快，劳动者压力增大，劳动者加班现象与劳动者年龄设置、女性劳动者权益保障等问题受到政协委员的积极关注。

随着互联网行业的蓬勃发展，在短视频、在线教育、交通、电商等领域，劳动者加班现象普遍存在。部分互联网企业推行“大小周”“996”工作制已成为常态。加班问题处于企业失控、监管失序、工会失灵的状态，鲜少见到“996”工作制企业受到处罚，劳动监察没有发挥应有的作用，导致劳动者维权困难。鉴于此，全国政协委员李国华建议对“996”工作制进行监管，保障职工合理的工作时间。李国华委员这一提案受到大量网民点赞，在新浪微博平台话题#建议对996工作制进行监管#阅读量高达9.8亿，讨论量约10.5万。李国华所提出的建议亦引起政府部门重视，对改善企业加班现象，保护劳动者休息时间起到积极作用。2021年8月26日，人力资源社会保障部、最高人民法院联合发布超时加班劳动人事争议典型案例，明确指出劳动者依法享有相应的劳动报酬和休息休假权益，遵守国家工时制度是用人单位的法定义务。此外，2022年3月，北京市人力资源和社会保障局、山东省人力资源和社会保障厅、安徽省人力资源和社会保障厅分别下发《关于进一步做好工时和休息休假权益维护工作的通知》，在当地开展工时和休息休假权益维护专项行动，依法保障职工工时和休息休假权益。

伴随着科技革命和产业变革深入发展，中国经济已进入高质量发展阶段，需要更多高素质的技术人才。然而，社会上对职业教育的认可度仍然偏低，尤其是一些经济发展水平不高的地区，家长普遍认为子女考不上大学就选择去打工，不支持子女接受职业教育。再加上中国产业升级和经济结构调整不断加快，职业教育与产业发展适配性尚存在一定偏差，高素质的技术技能人才严重短缺。对此，全国政协委员杨国强建议国家立法年满20岁才能工作，营造全社会尊重技能型人才、重视职业教育的浓厚氛围，委员关于职业教育的提案受到中共中央、国务院的重视。2021年10月12日，《中共中央办公厅国务院办公厅关于推动现代职业教育高质量发展的意见》明确指出要强化职业教育类型特色、完善产教融合办学体制、创新校企合作办学机制、深化教育教学改革、打造中国特色职业教育品牌。

据国家统计局数据显示，2021年全年我国出生人口1062万人，人口出生率为7.52，出生人口和出生率双双创下1949年以来新低。目前家庭生育意愿不高，女性面临着生育与职业发展两难的现实问题，社会缺乏对承担生育重担的女性更广泛的支持。对此，全国政协委员谢文敏建议鼓励用人单位为职工提供托幼服务，通过进一步加强生育社会支持力度，强化支持家庭发展政策，促进男女平等和人口均衡发展。加强女性生育价值的社会补偿，保障女性公平就业权益，同时加快普惠性公共托育事业发展。全国政协委员宋治平建议产假延长至3年到6年，以便于孩子在上幼儿园或者小学前能得到好的照顾和教育；鼓励企业聘用女性职工，同意休产假女工停薪留职并继续发放“五险一金”，但须减轻企业负担，政府可通过退回企业总社保比例数额来给企业补贴。这与《中共中央国务院关于优化生育政策促进人口长期均衡发展的决定》旨在逐步调整完善生育政策、促进人口长期均衡发展的目标相一致。此外，三孩政策配套支持措施相继在北京、上海、四川、江西等多地落地，除享受国家规定的产假外，按规定生育三孩可享生育奖励假。

四、医疗卫生

政协委员聚焦医疗卫生领域，急民之所急，助力完善医疗卫生保障。如全国政协委员俞敏洪建议进一步完善儿童孤独症早期筛查、医学诊断和康复教育衔接机制；全国政协委员徐丛剑建议对农村居民免费接种HPV疫苗，加强偏僻农村地区宫颈癌疫苗接种工作；全国政协委员陈薇着重后疫情时代我国生物安全体系建设的思考，建议培养生物防御骨干人才；全国政协委员敖虎山呼吁全民学习心肺复苏技术，希望政府出台政策和立法，促进AED配置，相关建议获得了有关部门的回应。2022年3月3日，江苏首次将孤独症儿童康复纳入民生实事；自 2021 年下半年以来，广东、江苏、山东、内蒙古、四川等多地试点免费接种 HPV 疫苗；国家卫健委办公厅 2021 年 12 月印发《公共场所自动体外除颤器配置指南（试行）》，要求地方各级卫生健康行政部门会同相关部门根据辖区院外心脏骤停发生率、人口数量及密度、辖区面积、公共场所数量及类别等因素，对公共场所自动体外除颤器配置进行科学规划，明确自动体外除颤器配置要求，包括数量、密度、点位、安装规范等。

五、婚姻生育

父母是孩子的第一任老师，家庭是人生的第一个课堂。中国父母普遍重视教育，但大部分都没有接受过科学育儿知识的培训指导，不可避免会在教育上犯错误。对此，全国政协常委朱永新建议家庭教育立法让父母持证上岗，要更加注重家庭教育理论研究、人才培养、学科建设等。该话题“建议家庭教育立法让父母持证上岗”在新浪微博平台引起网民热议，阅读量达 8692.6 万，讨论量达 6957 次。为减轻女性及其家庭在生育、养育、教育全环节上的负担，解决年轻人“不想生、不敢生”的顾虑，政协委员对此纷纷建言献策。如全国政协委员丁磊建议提高男性共同抚养责任，酌情推出夫妻共用产假制度，提高男性共同抚养责任；全国政协委员杨军日建议改革和完善生育假等家庭假期设置，男女共担社会化分担家务。2021 年下半年，委员们关于保障婚姻生育的建议在各地逐步推进，如江西、青海、河北、浙江修改了当地人口与计划生育条例，女性产假增至 188 天。此外，北京、湖北、安徽、山西等多地将女性享受的延长生育假由 30 天增加至 60 天，男方享受陪产假 15 天。

六、文化娱乐

当前，娱乐信息充斥各种媒体平台，“流量明星”成为新闻媒体竞相追捧和报道的焦点，为国家、民族作出重大贡献的科学家反而受到冷落。当代大多数青少年从小就不愁吃穿，拥有优越的生活条件，很难体会艰苦奋斗的精神实质，再加上青少年肩负着中华民族伟大复兴的大任，若不及时正确引导，青年人很容易被表面的光鲜亮丽所诱惑，崇尚安逸享乐，长此以往甚至会动摇国家发展的根基。鉴于此，全国政协委员磨长英结合国家科教兴国战略，建议主流媒体适当减少娱乐栏目比重，同时增加对重大科技事件和优秀科技人员事迹的宣传报道。国家网信办与广电总局也对此类现象高度重视，开始整治网络娱乐乱象。2021 年 5 月 9 日，国家网信办部署开展“清朗”系列专项行动，其中明确提出整治网上文娱及热点排行乱象；2021 年 9 月 2 日，广电总局办公厅发布《国家广播电视总局办公厅关于进一步加强文艺节目及其人员管理的通知》，包括坚决抵制违法失德人员、坚决反对唯流量论、坚决抵制泛娱乐化等多项举措。

七、网络监管

随着互联网技术的迅速发展，人人都有一支麦克风，可以在网络上表达自我，然而这也给网络诽谤创造了可乘之机。当前，利用网络侮辱、诽谤等侵犯公民人格权的行为屡见不鲜，再加上网络诽谤行为成本低、维权难度大、社会容忍度高等多个因素，使得这类行为日益猖獗。不仅侵害了受害者本人的合法权益，而且破坏了整个网络空间秩序。对此，全国政协委员韦震玲建议提升营销号诽谤成本，包括明确网络平台的管理责任，加大实名制管理，设置平台对于配合公民维权取证的义务等措施。此外，2022

年全国两会，多位委员针对网络暴力建言献策，积极推动网暴治理工作卓有成效。如2022年初，中央网信办开展了为期1个月的“清朗·2022年春节网络环境整治”专项行动，其中重点整治的五个方面任务中排在首位的就是集中整治网络暴力、散播谣言等问题；云南、江苏、辽宁、河北等多地也纷纷开展“清朗”专项行动，整治网上信息内容乱象；在2022年全国两会上，最高人民法院工作报告强调对侵犯个人信息、煽动网络暴力侮辱诽谤的，依法追究刑事责任；最高人民检察院工作报告强调从严追诉网络诽谤、侮辱、侵犯公民个人信息等严重危害社会秩序、侵犯公民权利犯罪。

八、其他热点

此外，城市管理、乡村振兴、环境保护等议题也受到委员广泛关注。全国政协委员李冬玉建议人口低于10万的小县合并，推进小县合并试点，减少行政资源浪费；全国政协委员李华栋建议加强小龙虾等入侵物种生态防控；全国政协委员张连起建议将9月30日定为成人节，并在全国统一举行成人仪式。

网络声量及新闻传播趋势分析

一、新闻传播趋势

2021 年 1 月 1 日至 2021 年 12 月 31 日，相关政协的信息量共计约 1811.02 万条。相较于 2020 年（1543.29 万条），声量提升约 17%，再对比 2019 年（1156.41 万条）数据可以发现，信息量呈逐年递增趋势。

对比三年以来与政协相关的数据来看，2019 年与 2021 年数据波峰均出现在 3 月份，唯有 2020 年数据波峰出现在 5 月份，数据波峰时间段出现较大错位，波峰值也出现较大差距。结合三年波峰出现时间段具体信息内容

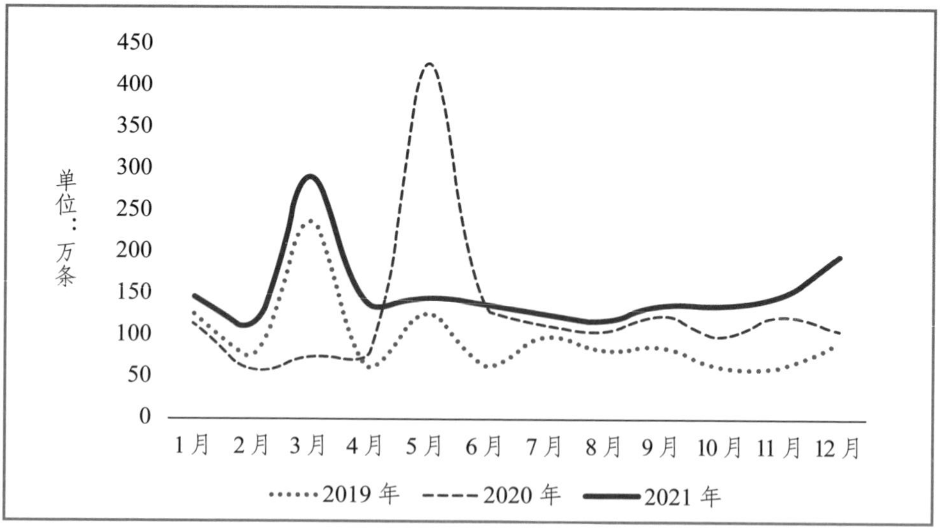

图 7　2019 年至 2021 年“政协”相关信息的传播趋势对比图

分析发现，构成波峰数据的内容主体为两会相关信息。2019年与2021年，两会均在常规时间段3月份召开，2020年由于疫情缘故，两会推迟至5月，致使该年数据波峰出现在5月份。另外，相较于2020年波峰值（424.61万），2021年波峰值（287.27万）减少约137.34万。这主要是因为，2020年年初新冠肺炎疫情暴发引发大众关注，导致前期与政协相关信息量相对较低、群众信息需求被抑制，两会召开期间，有关信息出现“补偿式”反弹，以致其波峰值远超正常年份。

从数据表现来看，2021年有关政协信息的整体平稳度要高于2020年。首先，2021年内最高数据与最低数据的差值为175.71万（3月最高，2月最低），较2020年内最高数据与最低数据的差值366.74万（5月最高，2月最低）相差191.03万。其次，不同于2020年有4个月信息量数据低于百万、3个月数据徘徊在50万至70万之间，2021年12个月相关政协信息量均高于110万，分布相对稳定均匀。2020年、2021年两年数据主要说明，一方面随着疫情防控常态化，人民生活逐渐恢复正常，对于政协及政协委员的关注度也趋于稳定可预料；另一方面，2021年并未出现有关政协的重大舆情事件，也在一定程度上助力年度信息平稳发展。最后，对比三年以来的走势图也可以发现2019年与2021年走势相对一致，这两年数据表现相对正常。

从信息转折波动的具体内容来看，全国各级政协的会议议程及要点、全国两会政协委员涉社会热点提案和知名政协委员的观点动态等依旧是触发舆情、影响舆论走势的重要因素之一。

二、年度概况

2021年，中国不仅迎来了建党百年华诞，还完成了全面建成小康社会和打赢脱贫攻坚战的宏伟目标。同样是这一年，中国不仅经受住了后疫情时代压力，坚持以“外防输入，内防反弹”为工作重心，给全国人民生命安全提供保障，也经受住了突如其来的暴雨冲击，帮助受灾群众，恢复生产生活秩序。在过去的一年中，地方政协积极开展政治协商，政协委员们围绕国家和地方大政方针，广泛联系界别群众，积极反映各界别群众意见，充分践行了全过程人民民主。委员们不仅为国家政策的制定建言献策，还积极关注社会民生，为推动社会发展、保障民生福祉发挥了重要作用。

在第一季度里，两会的召开受到了民众的高度关注。在两会期间，政协委员坚持以习近平新时代中国特色社会主义思想为指导，认真贯彻中央政协工作会议精神，围绕中心服务大局，提出诸多反映百姓意见与诉求的提案，引发民众热烈讨论、积极点赞。同样受到民众关注的还有2021年2月份举行的全国脱贫攻坚总结表彰大会，在表彰大会上，国家主席习近平向全国脱贫攻坚楷模荣誉称号获得者等颁奖并发表重要讲话，全国政协主席汪洋宣读表彰决定。

在第二季度里，一位“老政协委员”、我国的“杂交水稻之父”袁隆平不幸逝世，该消息不仅引发全国人民的深切缅怀，也在全国各级政协激发起强烈地向袁隆平这位“老政协委员”学习的声音。而在国际层面，日本政府决定将福岛核废水排海，引发各界强烈谴责，中国海洋学会理事、海

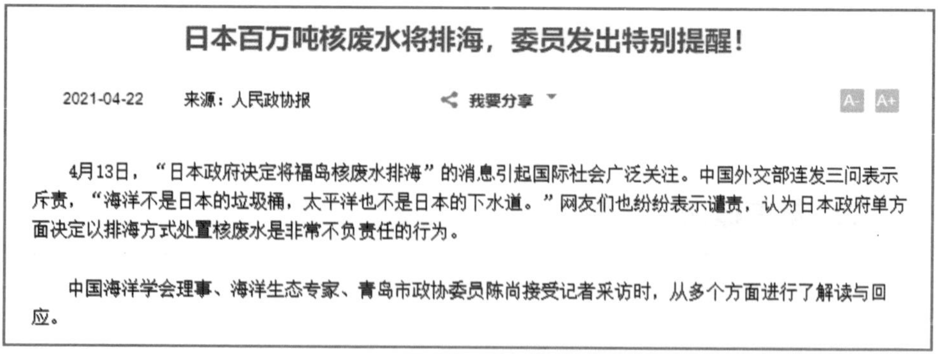
日本百万吨核废水将排海，委员发出特别提醒！

2021-04-22　来源：人民政协报　我要分享　A-　A+

4月13日，“日本政府决定将福岛核废水排海”的消息引起国际社会广泛关注。中国外交部连发三问表示斥责，“海洋不是日本的垃圾桶，太平洋也不是日本的下水道。”网友们也纷纷表示谴责，认为日本政府单方面决定以排海方式处置核废水是非常不负责任的行为。

中国海洋学会理事、海洋生态专家、青岛市政协委员陈尚接受记者采访时，从多个方面进行了解读与回应。

图8　政协委员从专业角度解读日本排放核废水

洋生态专家、青岛市政协委员陈尚在接受人民政协报记者采访时亦从专业角度对“核废水扩散影响”“反对日本核废水排海的原因”等问题作出解读，为公众明晰日本核废水排放的危害以及反对核废水排放提供更多专业视角。

在第三季度里，中国迎来抗日战争胜利 76 周年、“七七事变”84 周年、“九一八事变”90 周年、中国共产党成立 100 周年等诸多重大历史事件，在此过程中，各地政协及政协委员积极投身相关活动，如为庆祝建党百年，

暴风雨中的逆行身影——河南省政协委员众志成城防汛救灾小记

2021-07-27　来源：人民政协报　我要分享　A-　A+

灾情牵动人心，救援迫在眉睫，河南省洛阳市4位政协委员组织21名志愿者，携带购买的3艘橡皮艇、100件救生衣、300件雨衣、100双雨鞋，奔赴新乡开展救灾。图为委员和志愿者救助并安全转移受灾群众。冯波 摄

图 9　河南政协委员参加防汛救灾

图 10　全国政协委员对直播行业发声（建言）

全国政协举办《中国共产党第八次全国代表大会历史陈列》《旗帜飘扬——党旗国旗军旗诞生珍贵史料展》。同时，在社会生活中，河南郑州等地发生特大暴雨，给民众生命财产带来了巨大威胁，在救灾过程中，河南省政协委员与社会各界众志成城共助河南渡过难关。

在第四季度里，突如其来的疫情为西安人民的生活蒙上了一层阴影，值此重要关头，政协委员积极发声，号召委员勇担抗疫重任，积极投身疫情防控阻击战歼灭战，为西安抗疫贡献了力量。针对网络主播存在偷逃税等违法失德行为的社会热点话题，政协委员们奉献智识，全国政协委员马进呼吁建立网络直播行业“黑名单”制度，进一步督促引导网络直播从业人员自觉遵纪守法。政协委员担起职责使命，用专业优势及时关注社会热点，为共建美好社会贡献力量。

传播平台和热词分析

一、传播平台

从2021年1月1日至2021年12月31日，与“政协”相关信息传播平台占比排名较靠前的是新闻客户端、微信公众号、新闻网站和新浪微博，信息量分别是607.9万条、533.7万条、398.1万条和223.8万条。相较于2020年，四大平台依旧是相关信息传播的主力军，新闻客户端保持第一位不变，其他三个平台排行顺序略有改变：微信公众号由第三位跃居第二位，新闻网

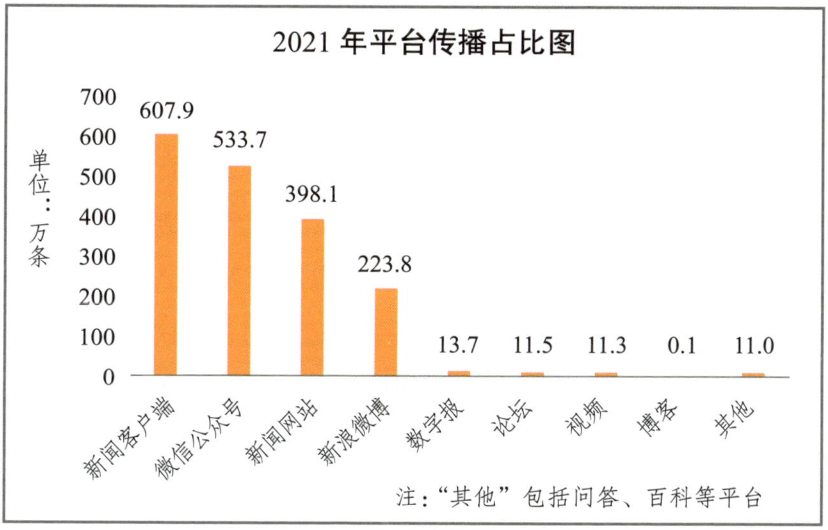

图11 2021年“政协”相关信息传播平台占比图

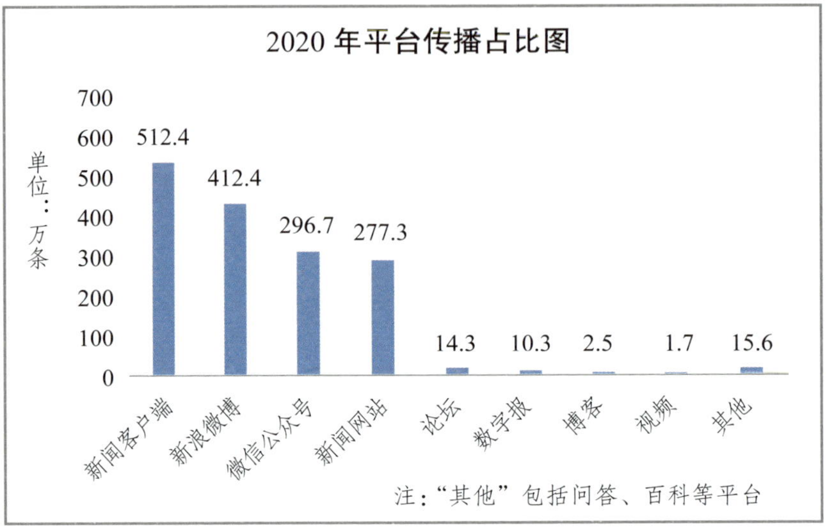

图 12　2020 年"政协"相关信息传播平台占比图

站由第四位跃居第三位，新浪微博由第二位落后至第四位。从各平台的信息传播数据来看，四大平台的传播量分别在 200 万条至 600 万条之间。

2021 年新闻客户端依旧是"政协"信息传播量占比最大的平台，约 607.9 万条，较 2020 年（512.4 万条）增加 95.5 万条。相关信息主要包括政协高层领导出席活动、政协委员提案、党史学习教育等。如新华社刊发文章《习近平主持召开中央财经委员会第十次会议强调在高质量发展中促进共同富裕统筹做好重大金融风险防范化解工作　李克强汪洋王沪宁韩正出席》，该文受到今日头条、腾讯新闻、闪电新闻等客户端转载 5415 次；新华网刊发文章《乘风破浪开新局——以习近平同志为核心的党中央引领"十四五"稳健开局纪实》，文中提到 2021 年全国两会，习近平总书记在全国政协联组会上听取意见和建议时，一位委员谈到了校外培训机构乱象，该文受到光明网、《人民日报》、今日头条等客户端转载 4447 次；最高人民检察院百家号、搜狐新闻、腾讯新闻等客户端刊发文章《人民政协为新中国的建立作出了重大贡献》，文称：在当时还不具备召开全国人民代表大会的条件下，中国人民政治协商会议第一届全体会议代行了中国的立法机构——全国人民代表大会的职权，代表全国人民的意志，宣告了中华人民共和国的成立。从此，协商建国成为中国多党合作和协商民主的一个光辉典范，揭开了新中国历史的第一页。该文被转载 939 次。

微信公众号相关信息量约为 533.7 万条，较 2020 年（296.7 万条）增加 237 万条。主要发文账号是媒体、政务微信公众号，如新华社、人民网、最高人民法院等。相关文章的主要内容包括政协委员履职、党史学习教育、领导活动等。如“最高人民法院”公号刊发文章《最高人民法院关于深化人民法院一站式多元解纷机制建设推动矛盾纠纷源头化解的实施意见》，文称：发挥社会各方力量协同作用，拓宽与政府部门对接途径，加大与人民调解、行业专业调解、行政调解、律师调解、仲裁、公证等衔接，邀请人大代表、政协委员、专家学者等社会第三方参与调解、化解，并将符合条件的组织和人员纳入人民法院特邀调解名册。“学习小组”公号刊发文章《习近平：学党史、悟思想、办实事、开新局》，文称党史学习教育动员大会 2 月 20 日上午在北京召开。中共中央总书记、国家主席、中央军委主席习近平出席会议并发表重要讲话。中共中央政治局常委李克强、栗战书、汪洋、赵乐际、韩正，国家副主席王岐山出席会议，中共中央政治局常委王沪宁主持会议。

新闻网站平台的传播信息量约为 398.1 万条，较 2020 年（277.3 万条）增加 120.8 万条。主要是中央及地方新闻网站发布两会报道、政协会议、委员动态等。如新华网刊发文章《全国政协十三届四次会议在京开幕》，该文被人民网、央视网、中国经济网等媒体转载 4638 次；央视网刊发文章《习近平看望参加政协会议的医药卫生界教育界委员》，该文被人民网、中国军网、中国青年网等媒体转载 1380 次；新华网刊发文章《中央政治局委员

书记处书记　全国人大常委会　国务院　全国政协党组成员　最高人民法院　最高人民检察院党组书记向党中央和习近平总书记述职》，该文被上观新闻、舜网、中国兰州网等媒体转载967次。

新浪微博平台的传播信息量约为223.8万条，较2020年（412.4万条）下降约188.6万条。相关内容主要是政协委员提案受到网民广泛关注和热议，如防止男性青少年女性化、建议对“996”工作制进行监管、建议幼儿园小学放学延长至6点、建议应届生身份保留延长至5年、建议禁止在职中小学老师有偿补课、建议明确中学性教育课时安排、建议明星粉丝后援会注册登记、建议男女法定结婚年龄降低至18岁、建议以套内建筑面积计价销售商品房、建议鼓励用人单位为职工提供托幼服务、建议对农村居民免费接种HPV疫苗等涉及教育、劳动、娱乐、住房、医疗等多个领域的提案受到网民关注和热议。此外，“共和国勋章”获得者、中国工程院院士、国家杂交水稻工程技术研究中心主任、湖南省政协原副主席袁隆平，因多器官功能衰竭，于2021年5月22日13时07分在长沙逝世，引发举国悲痛，大量网民在微博平台发文悼念。

此外，视频平台的信息量在2021年有大幅提升，约11.3万条，较2020年信息量（1.7万条）增加9.6万条，增幅约564.7%。主要是抖音、快手、西瓜视频、今日头条、B站、好看视频、微视等综合性短视频平台，以及央视网、广播电视台等视频平台发布的相关信息，内容涉及政协委员建议、委员动态、委员事迹宣传等。

二、热词分析

从整体涉政协的热词情况来看，高质量发展、脱贫攻坚、疫情防控、建党百年、“十四五”规划、凝聚共识、新发展理念等词汇在网络上出现的频率

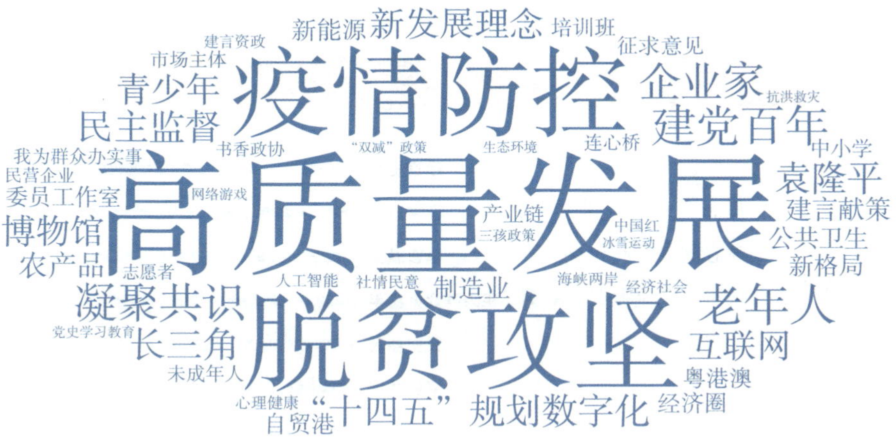

图 13 “政协”相关信息热词图

较高，提及频次均超百万。2021 年的高频度热词与 2020 年相比，相似词汇较多，如高质量发展、新发展理念、公共卫生等词汇依旧保持较高的热度，可见，政协在这些领域持续发力，舆论对相关领域也保持较高的关注度。

从热词涉及的不同主题维度进行统计和分析可知，热门词汇可归类为履职类、主体类、领域类、范围类、背景类等，其中，履职类的信息综合热度明显较高。具体情况如表 18。

涉及政协履职类的词汇包括建言资政、征求意见、建言献策、我为群众办实事、民主监督、凝聚共识等。主要涉及事件包括召开专题议政性常委会会议、举办协商活动、视察考察调研、就人民群众普遍关心的热点难点问题提交提案等，为国家发展建言资政。对此，在 2022 年全国政协十三届五次会议新闻发布会上，大会新闻发言人郭卫民表示，2021 年政协围绕“推进‘十四五’规划落实，着力构建新发展格局”等议题召开两次专题议政性常委会会议，围绕巩固拓展脱贫攻坚成果等议题进行专题协商，紧扣国家公共卫生防护网、高水平对外开放等主题召开双周协商座谈会、远程协商会，全

表 18　各类别热词及词频对比

<table>
<tr><th>热词类型</th><th>热词举例</th><th>词频对比</th></tr>
<tr><td>履职类</td><td>建言资政、征求意见、建言献策、我为群众办实事、民主监督、凝聚共识等。</td><td>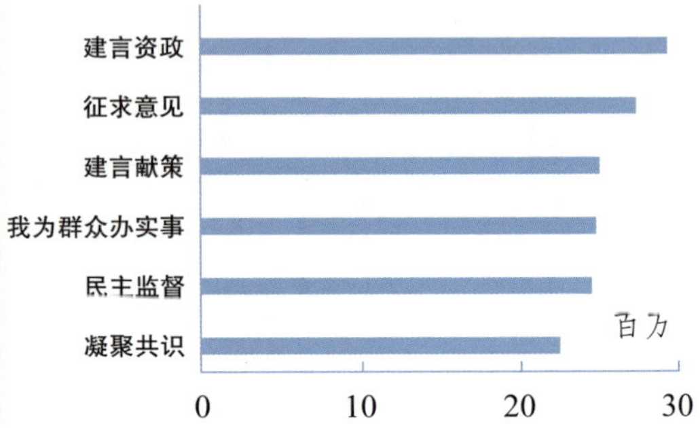
</td></tr>
<tr><td>主体类</td><td>人民群众、市场主体、民营企业、未成年人、企业家、青少年、老年人等。</td><td>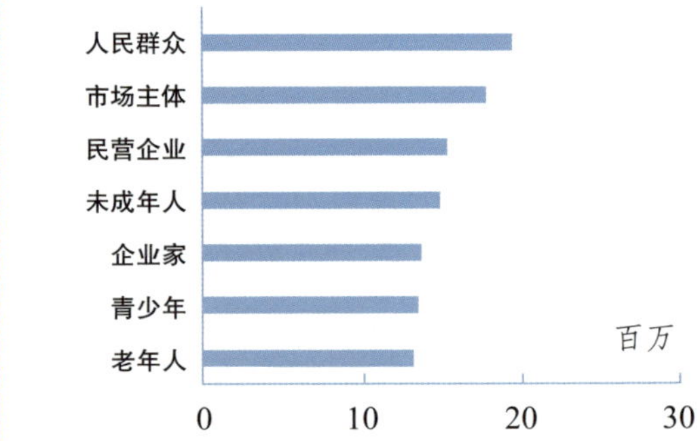
</td></tr>
<tr><td>领域类</td><td>高质量发展、脱贫攻坚、疫情防控、生态环境、新能源、博物馆等。</td><td>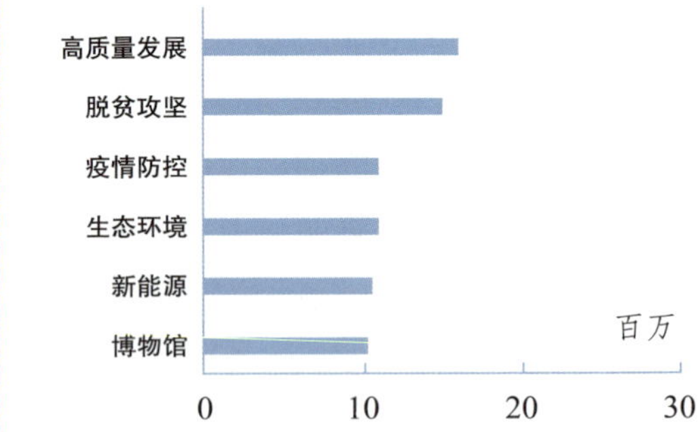
</td></tr>
</table>

（续表）

<table>
<tr><th>热词类型</th><th>热词举例</th><th>词频对比</th></tr>
<tr><td>范围类</td><td>长三角、大湾区、粤港澳、自贸港、海峡两岸等。</td><td>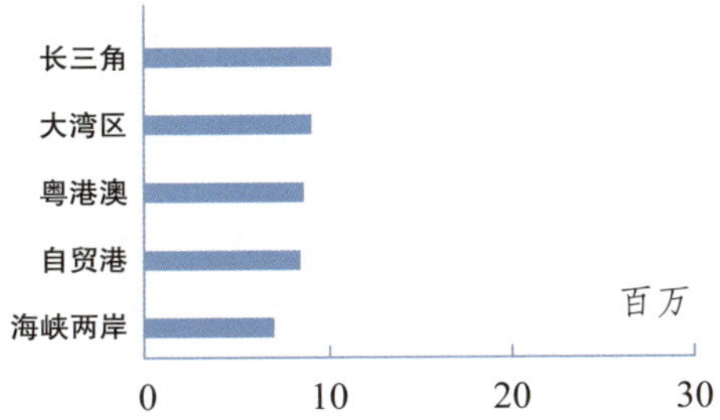
</td></tr>
<tr><td>背景类</td><td>建党百年、“十四五”规划、改革开放、新发展理念、新时代等。</td><td>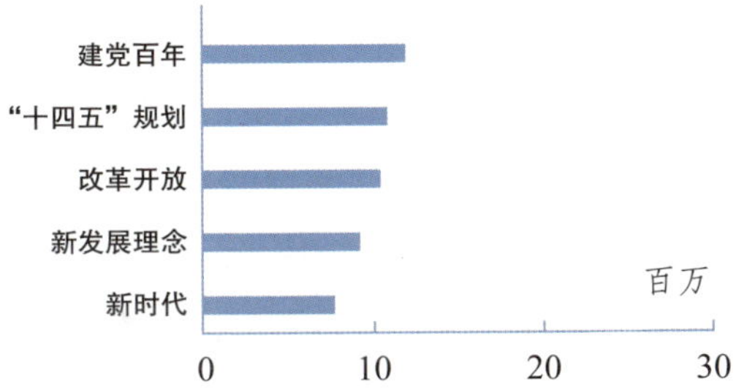
</td></tr>
<tr><td>其他</td><td>抗洪救灾、书香政协、党史学习教育、“双减”政策、三孩政策、冰雪运动等。</td><td>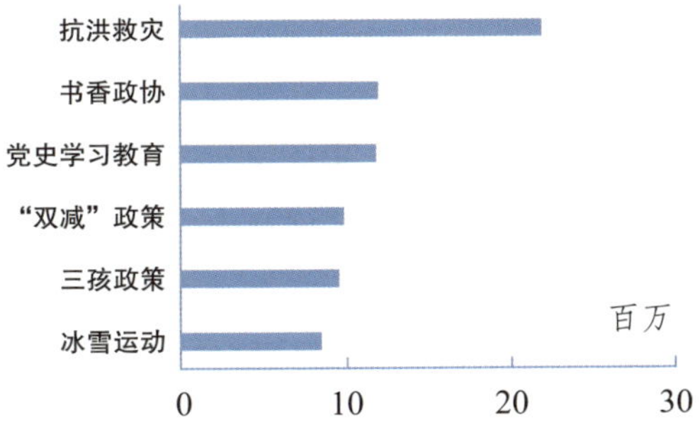
</td></tr>
</table>

年共举办重要协商活动25次，这25次协商活动都是围绕一些重大主题展开的。开展视察考察调研82项，立案提案5000多件。此外，全国多地政协在河南“7·20”特大暴雨灾害中，迅速组织救援力量，驰援郑州、新乡等重灾区，日夜奋战在抗洪一线，为抢险救灾贡献了委员力量。

涉及主体类的词汇包括人民群众、市场主体、民营企业、未成年人、企业家、青少年、老年人等。政协委员通过专题调研、提案、网络主题议政、座谈等多种形式关注未成年人保护、老年人养老、中小微企业发展、劳动者就业等不同主体诉求，充分体现了政协反映界别群众意见，坚持以人民为中心，从实际出发，围绕民生问题建言献策所做出的努力。例如，2021年全国政协围绕促进未成年人权益的司法保护、持续优化营商环境、推动民族地区多渠道就业等主题召开双周协商座谈会，还召开了“积极应对人口老龄化，促进人口均衡发展”专题协商会等。其中，人民网刊发文章《全国政协召开“积极应对人口老龄化，促进人口均衡发展”专题协商会》，文称：全国政协7月26日在京召开“积极应对人口老龄化，促进人口均衡发展”专题协商会，中共中央政治局常委、全国政协主席汪洋出席并讲话。他强调，要深入领会习近平总书记关于人口工作的重要论述，准确把握人口发展大趋势和老龄化规律，着眼国家发展全局和亿万百姓福祉，发挥制度优势，创新工作思路，强化社会协同，走出一条具有中国特色的应对老龄化之路，促进人口长期均衡发展，为全面建成社会主义现代化强国创造条件。

涉及领域类的词汇包括高质量发展、脱贫攻坚、公共卫生、博物馆、疫情防控、乡村振兴、生态环境、新能源等。一是在经济领域，2021年全国政协经济委员会将“持续优化营商环境”作为主题进行调研工作，通过全国工商联开展问卷调查，了解目前企业发展存在的主要问题，并形成高质量报告，引起国务院有关部门的重视。二是在农村领域，全国政协召开“巩固拓展脱贫攻坚成果，全面实施乡村振兴战略”专题协商会，新华网发文称：会议采取联动协商形式，100 余位全国、省、市、县级政协委员在全国政协机关主会场和贵州、云南分会场参会，28 位委员、专家和基层代表在会议现场或通过视频连线方式发言，近 140 位委员通过移动履职平台发表意见。委员们建议要聚焦产业，做好乡村产业发展规划；做好城镇化要补齐中心镇、重点村基础设施短板，推进基本公共服务均等化，打通城乡资源流通、商品流通、信息流通三条“快车道”；要抓住人才这个关键，坚持广开门路“引”、多措并举“育”，打造高素质农民队伍、回乡创业队伍、“三农”工作队伍。此外，全国政协围绕“加快绿色发展，保障农产品质量安全”召开双周协商座谈会，委员们建议要立足新时代新阶段加强顶层设计，加快修订农产品质量安全法；加快推进土壤污染风险管控与修复，深入实施农药化肥减量行动，划定水产养殖水面红线，从源头上保障农产品质量安全；要大力推进农业绿色技术创新等。三是在法治领域，全国政协围绕“提高涉外执法司法质效”“社会救助法的制定”主题召开双周协商座谈会，多位政协委员与专家学者重点围绕涉外执法司法体制机制、能力建设、人才培养、国际合作等涉外法治工作，以及社会救助标准、救助对象等社会救助工作作协商发言。四是在卫生健康领域，全国政协召开“织牢国家公共卫生防护网”双周协商座谈会，委员们就推进四级疾控机构改革、卫生健康行政部门与疾控机构的职能与高校公共卫生学科建设等具体问题建言献策。此外，全国政协重视对中医药资源的发掘和保护，并召开相关主题的双周协商座谈会，重点解决中医药科研创新动力不足、人才瓶颈制约明显、文化内涵挖掘不够等突出问题，委员们提出要做好中医药古籍的梳理、保护和挖掘，加强民间验方、秘方和技法的征集和抢救，建立中医药古籍数字资源库等建议。五是在文化领域，十三届全国政协第 50 次双周协商座谈会以“推进新时代博物馆事业高质量发展”为主题，委员们和特邀代表从优化博物馆发展布局、促进非国有博物馆、高校博物馆、乡村博物馆等健康发展不同角度建言资政。此外，多名委员对“文化中国”相关议题提出建议。例如，中国网刊发文章《2021 地方两会“文化味”更浓政协委员为“文化中国”献良策》，文称：多地两会代表委员就传统文化传承保护、文化旅游推动乡村振兴、“书香政协”文化建设等方面提交提案。

涉及范围类的词汇包括长三角、大湾区、粤港澳、自贸港、海峡两岸等。2021 年全国政协为推动长江三角洲区域一体化，深化粤港澳合作、推动大湾区建设，以及提高自由贸易港对外开放水平等方面建言献策，贡献力量；坚持统筹国内国际两个大局，致力于促进祖国和平统一与开展对外交往的工作，加强同世界各国的友好往来与交流合作，维护世界和平、促进共同发展。

涉及背景类的词汇包括建党百年、“十四五”规划、改革开放、新发展理念、新时代等。2021 年正值伟大的中国共产党的百年华诞，学史明理、学史增信、学史崇德、学史力行，全国各地政协积极开展党史学习教育，创新党史学习形式，从党的百年伟大奋斗历程中汲取继续前进的智慧和力量。其中包括党史教育专题学习、政协委员讲党史、党史学习心得交流会、寻访革命先烈足迹重温党史故事等活动。其次，2022 年是党的二十大召开之年，也是实施“十四五”规划承前启后的重要一年。人民政协始终坚持团结和民主两大主题，坚持建言资政和凝聚共识双向发力，将迎接党的二十大、学习宣传贯彻二十大精神作为重大政治任务，认真做好思想引导、汇聚力量、议政建言、服务大局各项工作，为二十大的胜利召开作出贡献。

其他热词包括书香政协、党史学习教育、“双减”政策、三孩政策、冰雪运动、抗洪救灾等。涉及方面既包括 2021 年各地政协开展委员读书活动，扎实开展党史学习教育，还包括推动各地落实“双减”政策、三孩政策，促进冰雪运动和冰雪产业发展等方面。

分项透视及相关分析

一、媒体报道分析

根据对全网数据的分析，涉政协相关信息的媒体报道如图 14 所示。

关注政协会议活动的报道最多，占比 34%。其中，全国政协十三届四次会议、地方政协会议、常委会会议、主席会议、专题协商会等会议活动受到媒体广泛关注。一是全国两会是汇集民意、反映民情的重要途径。因此，全国政协十三届四次会议是新闻媒体关注的焦点。例如，新华社刊发文章《全国政协十三届四次会议开幕》，文称：中国人民政治协商会议第十三届全国委员会第四次会议 3 月 4 日下午在人民大会堂开幕，2100 多名

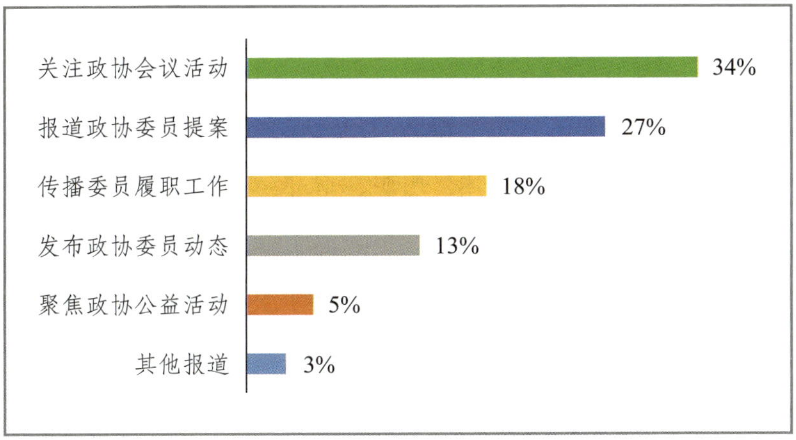

图 14　关于政协的媒体报道话题分布

全国政协委员将紧紧围绕中共中央决策部署，聚焦“十四五”规划纲要制定和实施，扎实履职尽责、积极建言资政、广泛凝聚共识，汇聚起夺取全面建设社会主义现代化国家新胜利的智慧和力量。相关信息被人民网、光明网、中国政府网等媒体转发 1293 次。二是地方政协会议受到媒体广泛报道。地方政协委员结合当地经济、政治、文化发展现状，走访调研，聚合民意，提交提案，为地区发展献计献策。例如，人民网刊发文章《浙江省政协十二届四次会议“委员通道”开启》，文称：1 月 25 日，浙江省政协十二届四次会议在省人民大会堂开幕。开幕前，“委员通道”集中采访活动正式开启。受邀委员们围绕大家关心的热点，接受记者提问。三是新闻媒体对常务委员会会议的报道。例如，人民网发文《政协常委会第十七次会议举行全体会议》，文称：12 位全国政协和地方政协常委通过联动形式，围绕“推进‘十四五’规划落实，着力构建新发展格局”作大会发言。四是关于主席会议的报道，新华网刊发文章《汪洋主持召开全国政协主席会议》，文称：中共中央政治局常委、全国政协主席汪洋主持会议并讲话，会议传达学习了习近平总书记近期关于人民政协工作的重要指示精神。五是专题协商亦会受到媒体广泛关注。例如，人民网刊发文章《全国政协召开双周协商座谈会围绕“增强对外贸易综合竞争力”协商议政　汪洋主持》，文称：十三届全国政协第 46 次双周协商座谈会 21 日在京召开，中共中央政治局常委、全国政协主席汪洋主持会议。他强调，要深入领会习近平总书记关于优化营商环境的重要论述，历史、辩证、全面看待我国营商环境建设取得的进步和存在的不足，坚持立足国情实际，打造市场化法治化国际化营商环境，为全面建设社会主义现代化国家提供有力支撑。

涉及政协委员提案的媒体报道占比 27%，主要包括各地政协向社会公开征集政协提案线索、提案审查情况、关注政协委员提案内容等。一是报道各地政协向社会公开征集提案线索，《常德日报》刊发文章《政协常德市委员会办公室关于征集市政协八届一次会议提案选题线索的公告》，文称：为认真做好常德市政协八届一次会议提案工作，更好地贯彻落实以人民为中心的发展思想，使政协提案更加符合群众意愿，根据市政协主席会议安排，决定从即日起至10月31日止，面向社会公开征集市政协八届一次会议提案选题线索。二是发布提案审查情况，北京市海淀区政协在其门户网站发布《区政协提案委员会召开提案审查工作会议》，文中提到2021年1月7日晚，海淀区政协提案委员会召开提案审查工作会议，截止到1月7日中午12点，区政协十届五次会议期间共收到306件提案。根据《政协北京市海淀区委员会提案工作条例》，大会提案组和提案委对提案进行了初审和复审，共立案285件。三是报道政协委员提案内容，央视网刊发文章《委员建议：取消家庭作业、推迟放学时间》，文称：2021年全国两会，全国政协委员马光瑜在提案中建议全面取消小学生家庭作业，进一步增强德育、体育、劳动教育，培养全面发展的新时代小学生，转载高达725次。

传播委员履职工作的媒体报道占比18%。政协是了解群众呼声，反映群众诉求，协调群众矛盾，协商群众利益的重要渠道。媒体对政协委员到政府相关部门或基层视察调研，助力乡村振兴等履职工作进行报道，例如，《人民政协报》刊发文章《政协委员倡议：乡村振兴路上，勿忘乡村小规模学校振兴》，文称：在今年的全国两会期间，乡村振兴再次成为热门话题。乡村学校作为乡村文化的中心，在提高农民子女教育水平、提高农村人口素质上发挥着举足轻重的作用。然而，随着城镇化的推进，农村学校尤其是小规模学校的教育质量不容乐观，已经成为影响乡村振兴的瓶颈，需要尽快化解；一点资讯新闻客户端自媒体账号“泰宁县检察院”刊发文章《三明市政协领导到县检察院开展“〈民法典〉宣传落实情况”专题调研》，文称：7月21日，三明市政协副主席包萍率调研组莅临泰宁县人民检察院开展“《民法典》宣传落实情况”专题调研。调研组认真听取了县检察院党组书记、检察长刘文婷就县检察院开展《民法典》宣传落实情况所做的汇报，详细询问了解检察院在《民法典》宣传、涉及案件审判执行、以案释法等宣传贯彻实施情况及实践中遇到的困难。

发布政协委员动态的媒体报道占比 13%，主要包括政协领导出席相关会议或政协人事任免变动信息。例如，人民政协网刊发文章《全国政协主席会议以民主监督为主题召开务虚会　汪洋出席会议并讲话》，文称：8 月 16 日，全国政协 2021 年度主席会议成员务虚会在北京召开。会议认真学习贯彻习近平总书记“七一”重要讲话精神，落实习近平总书记关于加强和改进人民政协工作的重要思想，围绕做好新时代政协民主监督工作交流研讨。中共中央政治局常委、全国政协主席汪洋主持会议并讲话；大河网刊发文章《张庆黎率全国政协调研组来豫调研　王国生出席座谈会　刘伟参加调研》，文称：3 月 22 日至 24 日，全国政协副主席张庆黎率调研组来我省，就贯彻落实中央政协工作会议精神情况开展调研并召开座谈会。在豫期间，调研组先后赴南阳、平顶山、郑州等地，到南阳市、叶县、金水区政协机关，卧龙区政协经济委员会“委员之家”、新华区西市场街道委员召集人联系点、河南新科技市场委员活动小组、金水区未来路街道“委员之家”等，与基层政协委员、干部群众面对面交流，了解工作开展情况，认真听取意见建议；与部分住豫全国政协委员谈心谈话。

聚焦政协公益活动的媒体报道占比 5%，包括聚焦政协抗击疫情、援助 7 · 20 河南暴雨公益活动。在抗击疫情工作方面，大河网刊发文章《中牟县政协主席孙梅到刁家乡调研疫情防控等工作》，文称：11 月 9 日，中牟县政协主席孙梅带队到刁家乡调研疫情防控、产业项目推进、信访维稳等工作，走进群众接访窗口、矛盾纠纷调解室，与工作人员详细交谈，详细了解日常接待、信访案件办理等情况，叮嘱要带着感情和责任做深做细群众工作，以实实在在的工作成效赢得群众的信任、理解和支持，坚持和发展新时代

“枫桥经验”，抓好信访维稳和矛盾纠纷排查化解；《长江日报》刊发文章《武汉政协委员抗疫一线出力献策，共画疫情防控最大同心圆》，文称：在全市疫情防控的关键时刻，广大政协委员站得出、靠得住，坚守疫情防控各战线岗位，广泛汇聚众智良策，形成众志成城抗疫的团结力量，用实际行动诠释了政协委员的责任与担当；在援助7·20河南暴雨公益活动中，《长江日报》刊发文章《蔡甸区两位政协委员带队奔赴河南暴雨救灾一线》，文称：连日来，河南多地遭受特大暴雨袭击，造成重大人员伤亡和财产损失，也时刻牵动着武汉广大市民的心。武汉市蔡甸区各政协委员工作室负责人充分发扬一方有难、八方支援的大爱精神，主动联系河南省相关救援机构，紧急协商、星夜驰援，在风雨面前与河南乡亲一起奋战，在大灾大难面前践行政协委员使命担当。

其他报道占比3%，包括政协党史学习教育、优秀政协委员事迹报道等，2021年全国各地政协积极开展党史学习教育，深刻领悟坚持中国共产党领导的历史必然性，坚定对党的领导的自信。例如，今日头条客户端自媒体账号“联合日报”刊发文章《东平县政协以服务大局服务民生实效体现党史学习教育效果》，文称：东平县政协把开展党史学习教育贯穿于各项履职服务之中，以服务大局服务民生的实际成效体现学习教育效果。深入推进“我为群众办实事”实践活动，解决了一批党政关心的大事、社会关注的要事和群众关切的实事，不断推动党史学习教育走深走实。此外，政协委员来自各个界别，代表各方群众，其中不乏一些优秀的政协委员，深入基层，联系群众。如爱港爱澳，促澳发展的委员马有礼；奔赴疫情告急的武汉，向世界解读中国抗击疫情成功密码的委员王辰；积极投身涉疆对外宣传，驻村入户访民情的委员牛汝极等，他们都在履职工作中作出突出贡献。

二、网民言论分析

本部分对网民关于“政协”讨论的信息进行分析，涉政协相关信息网民言论的话题如图 15 所示。

讨论政协委员提案的网民言论占比 39%，政协提案是政协委员履行职能最直接有效的载体。因此，2021 年全国政协十三届四次会议及各地政协全会召开期间，政协委员所提交的提案通常都会成为舆论焦点，尤其是婚姻生育类、教育类与网络监管类等提案引发网民关注。一是婚姻生育类提案，在上海两会召开期间，上海市政协委员徐珊珊提交提案，建议设置结婚冷静期，以保障婚前配偶知情权，一度成为网络热门，微博话题 # 上海拟建议设结婚冷静期 # 阅读量为 2.9 亿，讨论量为 4.7 万；同济大学外事办公室主任于雪梅、复旦大学附属中山医院青浦分院外科主任医师沈伯明、市高院行政审判庭庭长侯丹华等在内的 8 名政协委员在 2021 年上海两会期间提交了一件提案，建议建立长效机制，防范“地下代孕”，相关微博话题 # 建议建立长效机制打击非法代孕 # 阅读量为 206.5 万，讨论量为 182 次；全国政协委员谢文敏建议单位对哺乳期妇女实施弹性工时，或允许其居家

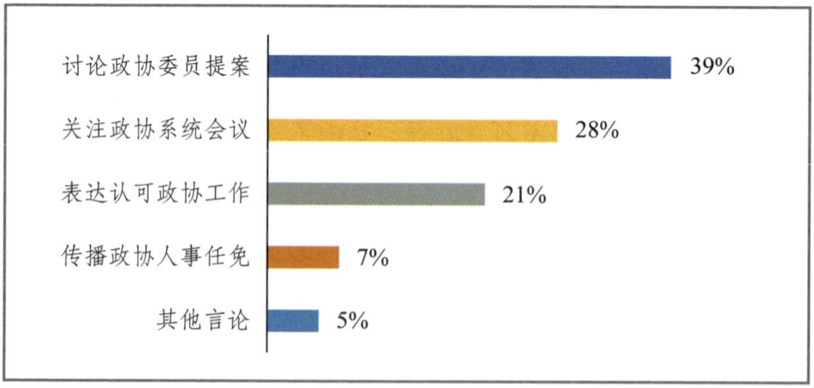

图 15　关于政协的网民讨论话题分布

办公等一些人性化安排，新浪微博话题 # 建议单位对哺乳期妇女实施弹性工时 # 阅读量为 115.3 万，讨论量为 40 次。二是教育类提案，例如，全国政协委员宋治平建议，延长幼儿园、小学放学时间至晚 6 点，延长放学时间可以便于双职工父母下班后接送，以免因无法接送孩子造成女性职工离职，同时也可减少课后托管班的费用支出，相关微博话题 # 建议幼儿园小学放学延长至 6 点 # 阅读量为 4.1 亿，讨论量为 4.1 万；全国政协委员唐江澎建议高考可以让学生选择性考试的提案引发热议，相关微博话题 # 建议高考可以让学生选择性考试 # 阅读量高达 3.9 亿，讨论次数为 1.6 万。三是网络监管类提案，其中全国政协委员、广西壮族自治区柳州市人民检察院副检察长韦震玲建议通过完善打击网络诽谤行为的法律体系，加大网络诽谤行为的打击力度。其中，新浪微博话题 # 提升营销号诽谤成本 # 阅读量为 2.8 亿，讨论量为 2.8 万。此外，韦震玲委员还建议明星粉丝后援会应注册登记，依法开展活动接受年检。新浪微博话题 # 建议明星粉丝后援会应注册登记 # 阅读量为 2038.4 万，讨论量为 2 万。

关注政协会议的网民言论占比 28%，2021 年全国政协十三届四次会议及全国政协新年茶话会亦是网民热议话题。其中，# 全国政协十三届四次会议发布会 #、# 政协开幕大会 #、# 全国政协十三届四次会议开幕 # 等话题频频登上新浪微博热门，尤其是 # 全国政协十三届四次会议开幕 # 阅读量高达 3.6 亿，讨论量为 7.3 万；此外，全国政协 12 月 31 日上午在全国政协礼堂举行新年茶话会，中共中央总书记、国家主席、中央军委主席习近平在茶话会上发表重要讲话，相关新浪微博话题 # 全国政协举行新年茶话会 # 阅读量为 801.8 万，讨论量为 490 次。

表达认可政协工作的网民言论占比 21%，政协委员所提交的提案关乎人民群众的切身利益与实际诉求，受到网民充分认可。例如，我国宫颈癌主要集中在农村，贫困地区宫颈癌发病率明显高于全国水平。全国政协委员，农工党中央常委、宁夏区委会主委戴秀英建议将接种 HPV 纳入医保，推进 HPV 疫苗尽快惠及贫困地区妇女预防宫颈癌，这一提案重视女性预约 HPV 疫苗难、费用贵等现实问题，关注女性疾病预防与健康；此外，当前我国“996”问题处于企业失控、监管失序、工会失灵的状态，却鲜少见到“996”企业得到处罚，劳动监察没有发挥应有的作用，劳动者维权困难。对此，全国政协委员李国华建议对“996”工作制实行监管，呼吁遏制超时加班，网民认为政协委员这一提案切实反映广大劳动者工作时间长、节奏快与压力大的现状，充分反映劳动者的诉求，尤其是在新浪微博平台引发众多网民点赞，迅速登上微博热搜。政协委员从实际出发，反映了医疗、社会保障、民生等方面存在的社会问题，并积极提出切实可行、符合民意的建议，受到网民点赞。

传播政协人事任免的网民言论占比 7%，其他言论占比 5%，如“杂交水稻之父”、中国工程院院士、“共和国勋章”获得者、湖南省政协原副主席袁隆平逝世，网友缅怀追思，对袁隆平逝世表达哀悼。

三、社会情绪分析

经过对 2021 年全网有关“政协”的信息进行情感分析可知，舆论关于“政协”的社会情绪以正面为主，所占比重高达 86.66%，较 2020 年增加 5.56%。

相关正面情绪主要涉及，一是民众对全国政协十三届四次会议的积极关注，期待政协能够凝聚共识，建言资政。如政协委员在参与讨论政府工作报告、讨论国民经济和社会发展第十四个五年规划和 2035 年远景目标纲要草案、讨论“两高”工作报告时，集中反映民意，促进党和国家决策科学化、民主化。此外，全国两会委员通道、政协委员发言就民众所关注的

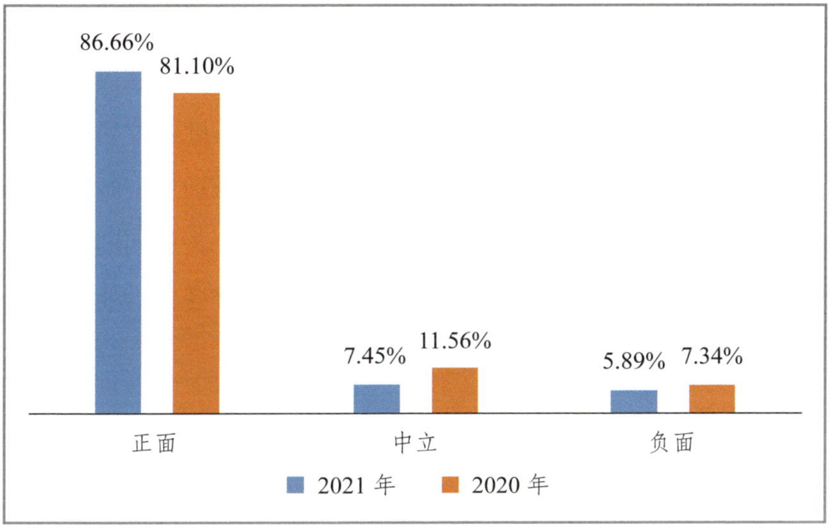

图 16　2020 年及 2021 年社会情绪对比

医疗、教育、就业、法治等问题进行回复，亦赢得民众点赞。例如，全国政协委员唐江澎在委员通道接受采访时表示，让幼儿园的孩子养成整理东西的习惯，远比让他们早识字重要；让孩子多读书，远比让他们做阅读理解题好，获得广大网友点赞，网友认为这启发了整个社会思考教育意义所在，从而促进了探索合理的教育方式。

二是部分政协委员提案获得舆论肯定。例如，全国政协常委、民进中央副主席朱永新表示，大部分父母都没有接受过科学育儿知识的培训指导，家庭教育立法，建议需要让更多父母“持证上岗”，要更加注重家庭教育理论研究、人才培养、学科建设等；全国政协委员、民盟广东省委会副主委邓文基提交了建议完善孤独症早筛及早期科学干预服务体系提案、公益领域类提案；全国政协委员代俊峰建议将家养宠物进行芯片登记，遗弃宠物纳入不良征信；全国政协委员陈中红建议国家完善相关法规破解痼疾保障农村女性平等土地权益等提案，大量网民对此表示肯定，对相关话题进行讨论，他们认为政协委员所提交的提案关注教育、公益、民生等领域的热点，反映民众诉求并提出解决建议，促进了相关问题的解决。

三是点赞部分政协委员优秀事迹。例如，关注基础教育与素质教育的政协委员唐江澎，重视“三农”问题、多次为耕地保护与小微企业发展发声的政协委员张明华，在生态文明领域积极回应社会关切问题的政协委员杨忠岐等，他们身为全国政协委员，认真履职，助推各自行业发展，在工作中具有突出贡献，赢得网民充分肯定。

亮点工作回顾

时间见证奋斗，实干书写担当。2022年是中共二十大召开之年，是实施“十四五”规划的重要一年，做好今年工作意义特殊、责任重大。此外，部分地方政协已完成换届，在过去几年中，政协做出骄人成绩，向时代和人民交出一份满意的答卷。整体来看，政协在创新履职方式、共促基层治理、践行全过程人民民主等方面取得了显著成效。围绕政协协商与基层协商有效衔接、促进政协制度优势转化为社会治理效能，坚持“协商于民、协商为民”的履职初衷，各地政协通过探索和实践，以开展远程协商、打造“书香政协”、建设协商品牌等亮点工作为抓手，走出了高效率、高水平、高质量的履职道路。

一、开展网络议政与远程协商

习近平总书记指出，人民政协要“探索网络议政、远程协商等新形式，提高协商实效”。这就要求将人民政协的政治协商、民主监督、参政议政职能和网络平台相结合，利用网络平台的优势推动远程协商的发展，凝聚广大人民的智慧。中共中央《关于加强社会主义协商民主建设的意见》提出，要进一步探索网络议政、远程协商的新形式，为人民政协新时代的履职工作指明了方向。汪洋主席多次明确指示，贯彻落实习近平总书记讲话精神，开展网络议政、远程协商等新形式，提高协商实效，努力营造良好的协商氛围。新时代远程协商是人民群众日益增长的参政议政需求的产物，是大数据时代中国特色社会主义实践的必然产物，远程协商作为人民政协一种新的协商形式，与传统的政治协商相比，具有渠道多样、覆盖范围广、节约成本和打破时空限制的特点。

近几年，各地政协积极探索网络议政、远程协商，将线上线下两方面手段有机结合。建设网络议政远程协商平台，突破传统协商议政形式的时空局限，实现异地共同实时开展协商议政活动，开启了智慧政协的新模式、新空间和新格局；通过建立门户网站、线上座谈、微信公众号、微信群等搭建交流平台，提升协商凝聚力，建立起经常性联系渠道，扩宽了协商渠道，保障了政协委员知情权、参与权、表达权、监督权，不断提高协商民主的科学性和实效性。

目前，按照人民政协提升远程协商、网络议政能力的要求部署，多地政协让基层政协委员运用网络议政、远程协商逐步成为“新常态”。如全国政协于 2021 年 6 月 11 日在京召开“推进多式联运高质量发展”网络议政远程协商会，11 位政协委员和特邀代表在全国政协机关和湖北、重庆、青岛 4 个会场以及通过手机视频连线方式发言，近 60 位委员在移动履职平台上发表意见建议。可见探索网络议政、远程协商不是一句空话，已真正在政协履职中发挥作用。

二、书香政协

近年来，在党中央的直接推动以及社会各界的倡导下，推动全民阅读、建设学习型社会引起广泛关注。如何发挥政协力量，以“书香政协”助力学习型社会建设，是摆在各级政协组织面前的一个重要课题。全国政协自 2020 年初部署开展了“委员读书活动”，努力探索解决这一问题的路径。活动开展以来，委员参与面不断扩大，参与率达到了 90% 以上；活动方式不断丰富，初步形成了全国政协引领、地方政协共同参与、线上线下协同推进、读书履职相结合的良好格局，取得了增长知识、增加智慧、增强本领的成效。

自读书活动启动以来，各地政协先后建立线上“委员读书群”，活动期间，政协委员通过线上交流、线下研讨相结合等方式，开展特色鲜明、形式多样的读书活动，充分营造了畅所欲言、各抒己见、交流分享的良好读书氛围。

以界别、行业热点、专题等为主题划分的“委员读书群”中不乏相关领域的“大咖”，不少“委员读书群”群主积极协助组织线上线下读书活动，负责导读、引领工作。每天到读书群“打卡”，参与学习和讨论，已经成为政协委员的一种生活方式、一种习惯，也让“委员读书群”成为一个 24 小时不落幕的学习交流和履职平台。

两年来的探索表明，在推进全民阅读、建设学习型社会进程中，人民政协具有独特的优势和力量，政协委员读书具有重要的价值和意义。

一方面，建设“书香政协”是政协委员提高履职能力的重要途径。面对国际国内的复杂形势、参政议政领域的不断拓展，政协委员需要学习的内容越来越多。读书能开拓视野、促进思考，助力委员提高资政建言的质量；读书能让委员以更全面、更客观、更长远、更辩证的眼光，从历史视角看待当下问题，提高自信定力。另一方面，建设“书香政协”是建设学习型社会的重要内容。政协委员是来自各行各业的界别群众代表，影响大、责任重，一言一行广受关注，具有一定示范效应。热爱读书的委员，就是各行业的阅读推广人，通过互联网积极向社会展示政协读书成果，能在全社会产生广泛的带动作用，以“书香政协”助推“书香社会”建设，更有利于推动全民阅读、建设学习型社会。

三、协商品牌建设

协商民主是我国社会主义民主政治的特有形式和独特优势，习近平总书记提出："有事好商量，众人的事情由众人商量，是人民民主的真谛。"为了深入贯彻落实习近平总书记重要指示精神，推动政协协商与基层协商有效衔接，切实助推基层治理效能进一步提升，展示人民政协作为专门协商机构在推进国家治理体系和治理能力现代化中的重要作用，壮大协商力量，促进共建共治共享的社会治理联动机制的形成，不少地方政协创新协商方式方法，推出属于自己的协商品牌。

如安徽省滁州市打造融委员履职、服务群众、凝聚共识为一体的"协商亭好"品牌，提升协商效能，培育协商文化，有效推动协商民主制度优势向基层治理效能转化，具有生成逻辑上的一致性、互动性与同构性；山东省青岛市政协委员联络活动工作室联合青岛日报社、青岛市 12345 政务服务便民热线创新搭建"倾听与商量"协商平台，自 2020 年 10 月启动以来已经连续举办 13 期，成为青岛市政协履职创新、推进协商民主建设的新品牌，也成为推动全过程人民民主的生动实践；河北省张家口市政协以委员工作室"微协商"打造"好商量"品牌，依托不同界别、行业、区域创建委员工作室，面向基层一线、面向界别群众，通过开展"微协商"等活动，促进基层社会治理和民生问题有效解决，实现政协协商与基层协商有效衔接，打造出独具张家口特色的"好商量"品牌。

此外，随着各地基层治理质效不断提升，地方政协先后探索建立"政协委员工作室（站）"也成为发挥委员主体作用，延伸协商议政触角的重点工作之一。通过积极探索、多方开拓，"政协委员工作室（站）"已逐渐形成线上线下为一体，多方参与、平等对话、有序沟通的协商平台。部分"政协委员工作室（站）"通过发挥委员的专业优势和特长，持续开展特色

图 17　北京市通州区汪碧刚委员工作室

图 18　广东省广州市曹志伟委员工作室

活动，如健康义诊、法律咨询、金融理财、防诈骗宣传等便民服务，受到群众的广泛欢迎和好评，通过“政协委员工作室（站）”展示了政协形象、委员形象，推动落实了协商于民品牌建设的工作要求。

整体来看，委员工作室（站）功能定位覆盖经济、农业、法律、教育、文艺、体育等界别或行业委员，做到集体和个人相结合、界别和地域相补充，基本实现重点界别全参与、主要区域全覆盖的工作格局，在联系群众、凝聚共识、基层协商、反映民意、服务群众等方面广泛发力。纵观全国，各级政协组织积极探索如何建立健全委员工作室（站）协商民主机制，对协商民主内容进行科学规划和具体细化，进一步明确协商什么、与谁协商、怎样协商、何时协商、协商成果如何运用，以制度化促进基层政协协商民主的规范性、有效性，实现协商从随机到常规、从“可以协商”到“应当协商”的跨越，也使基层政协协商民主成为发扬民主、反映民意、集中民智、解决纠纷和增进共识的重要平台。

实践证明，让协商议政有力度、成果转化更具成效。着力打造有重点、有质量、有群众基础的协商品牌，将政协专门协商机构的平台延伸至基层，将政协协商民主的经验运用在基层，让人民群众切实感受到政协就在基层、委员就在身边，人民政协所展现的“中国式商量”越来越散发出人民民主的魅力。

表 19 委员工作室（站）功能定位及案例举例

功能定位	委员工作室（站）案例
服务民生	西安市杨爱丽委员工作室 锡盟政协委员工作室 永州市政协唐箭委员工作室
联系群众	南京市岳耀蒙委员工作室 福清市政协委员联系点（音西街道音浦村）
社区协商	昆明市华山街道政协委员工作站 重庆市龙山街道“渝事好商量”委员工作站 平顶山新华区政协西市场街道委员工作站 西安市未央区徐家湾委员工作室
关注营商环境优化	北京经济技术开发区市政协委员工作室 郑州市李军委员工作站 杭州市余杭区联络组委员工作站
科研探讨	上海市伍爱群委员工作室 嘉兴市嘉善归谷智造政协委员会客厅
精准助农	湖州市农业界别委员活动室（工作室） 合肥市助农委员工作室 咸阳市王永国委员履职工作室
脱贫攻坚	贺州市王万传政协委员工作室 河源市连平县上坪镇政协联络工委
政策法规宣传	北京市周明刚委员法律工作室 贵阳市唐歆、徐泽宏委员工作室
教育	深圳大学政协委员粤海工作站 辽东学院委员活动站
医药、卫生	河北省政协医药卫生界委员之家 宁夏回族自治区牛斌凌委员会客室
关注儿童及青少年身心健康成长	安庆市龙鹏飞委员工作室 北京市政协共青团青联界别委员工作室
社会救助	政协泗水县委员会孙建涛委员工作室 宁波市外滩公益委员工作室 上海市张心亚助残工作室
文艺	克拉玛依区政协委员之家 福建省政协委员联络点（泉州市提线木偶戏传承保护中心）

（续表）

功能定位	委员工作室（站）案例
传统文化交流	兰溪市朱兰庆委员工作室 武汉市熊华敏政协委员工作室
婚姻、家庭法律、心理服务	北京市李洁委员工作站 太原市“灵悦”委员工作室 聊城市“有事好商量”崔河祥委员工作室
服务退役军人	济南政协谢清森委员工作室
城市管理	海南委员履职工作站
体育	云南省政协体育界别委员工作室

表 20　委员工作室（站）组织载体及案例举例

组织载体	委员工作室（站）案例
区域工作站	爱青岛·委员小分队（工作站） 芜湖市“新芜湖人之家”团队工作室 酒泉市肃州区银达镇政协委员工作站
片区工作站	河池市宜州区怀远镇政协委员工作站 赣州市上犹县寺下片区政协委员工作站 随州市随县洪山镇政协委员工作站
社区工作站	北京市“回天地区”委员工作室 上海市政协委员花木协商活动站 长春市朝阳区政协桂林委员联络站
特色园区/街区/楼宇工作站	杭州市玉皇山南基金小镇政协委员会客厅 青岛市虎山路街道“有事来商量”政协委员工作室 济源市中国白银城“委员会客厅”
界别工作站	湖南省政协致公界别委员工作室 遂宁市庞雪君委员工作室
重点领域工作站	北京市西城区政协“书香驿站”委员工作站 娄底市芸理工作室 绥化市望奎县经济开发区委员工作室
委员个人工作站	曹志伟委员工作室 王雄委员工作室 秦建忠委员工作室

2022年政协宣传热点展望

2022 年政协宣传热点

回首 2021 年，我们党和国家经历了一系列历史上具有里程碑意义的大事，我们隆重庆祝中国共产党成立 100 周年，胜利召开党的十九届六中全会，通过了党的第三个历史决议；如期打赢脱贫攻坚战，正式宣布全面建成小康社会、实现第一个百年奋斗目标，开启全面建设社会主义现代化国家、向第二个百年奋斗目标进军新征程；构建新发展格局迈出新步伐，高质量发展取得新成效，实现了“十四五”良好开局。

2022 年伊始，新冠肺炎疫情仍在全球蔓延，国内疫情多点散发，国际政局不稳定因素增多。今年还是党和国家事业发展进程中十分重要的一年，中国共产党第二十次全国代表大会即将召开。坚持创新驱动发展，推动高

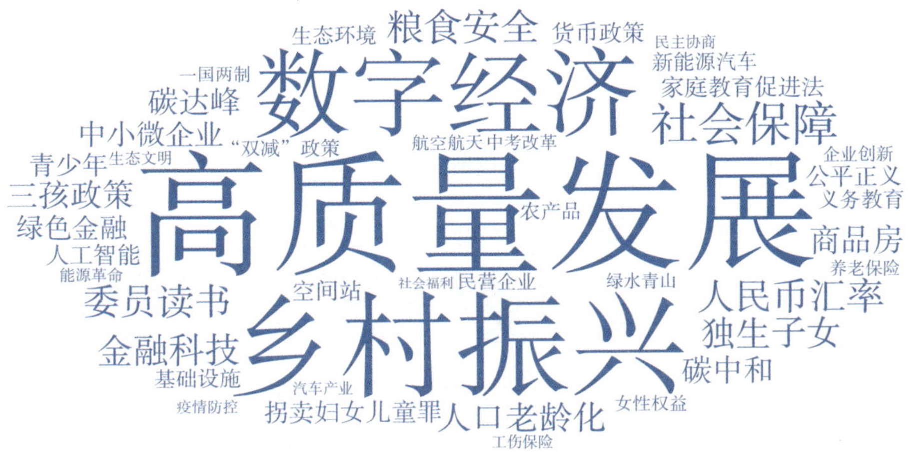

图 19　2022 年全国两会热词

质量发展，做好常态化疫情防控，保民生稳就业仍是政府工作的重点。结合2022年两会热词，如高质量发展、乡村振兴、数字经济、社会保障、粮食安全等（图19），可以预见，2022年宣传热点可能涉及政协会议、经济发展、社会民生、生态环境、科技创新、港澳台等方面。

一、政协会议

政协会议是政协委员履行职能与开展工作的重要形式之一。其中，全国两会、地方两会、全国政协专题协商会与双周协商座谈会等政协会议影响力较大，都是媒体与民众关注的重点。

一是全国及地方两会。全国两会是展现全过程人民民主的重要窗口，与国家大政方针、社会民生息息相关，必然是全民关注的焦点。在两会期间，通过民主选举产生的人大代表与通过社会各界协商产生的政协委员一起履职，诠释了“人民”概念组成的真实性、广泛性。人民政协作为与我国国体和政体相适应的最广泛的爱国统一战线组织，能够有效组织各党派、各团体、各民族、各阶层、各界人士共商国是，在团结与民主两大主题下，充分体现了我国社会主义民主有事多商量、遇事多商量、做事多商量的特点和优势。人民代表大会作为权力机关，和作为专门协商机构的人民政协相得益彰，能够更好地体察民情、反映民意、集中民智、凝聚民心。

地方政协全会召开期间，政协委员讨论地方政府工作报告，依据当地发展实际情况建言资政，提交提案，探讨话题与当地民生密切相关，引发民众广泛关注。例如，在上海两会召开期间，第一财经刊发文章《上海全面推动城市数字化转型政协委员们这样说｜探上海两会》，文称：2022年1月19日，上海市政协十三届五次会议开幕，在收到的300多件委员提案中，很多都提到了城市数字化转型。上海全面推动城市数字化转型的不少具体措施已经逐步明确，其中包括加紧研究布局未来虚拟世界和现实社会的交互平台等；北京日报客户端刊发文章《北京市政协十三届五次会议隆重开幕》，文称：2022年1月5日，政协北京市第十三届委员会第五次会议在北京会议中心隆重开幕。开幕会审议通过了《中国人民政治协商会议北京市第十三届委员会第五次会议议程》，并将听取市政协常委会工作报告和提案工作报告，表彰2021年度优秀提案。

二是全国政协专题协商会。全国政协专题协商会围绕特定专题展开研讨，参会人员包括全国与地方政协委员、专家与基层代表等多个成员，他们在会议上的发言反映不同界别群众意见，广泛地凝聚共识，化解社会矛盾。如2021年全国政协分别以“巩固拓展脱贫攻坚成果，全面实施乡村振兴战略”“积极应对人口老龄化，促进人口均衡发展”为主题，召开专题协商会，委员针对乡村振兴与老龄化建言献策，助力乡村振兴，探讨如何让老年人有更实在的获得感、幸福感与安全感。

三是双周协商座谈会。双周协商座谈会是一种定期协商座谈会制度，也是人民政协协商议政的重要形式之一。从政治、经济、文化、法治、社会、卫生健康、科技创新等多领域筛选议题，再经过反复磋商协调，确定最终议题。政协委员、特邀代表与相关中央和国家机关负责人等参会，就议题进行发言，并将会议发言与讨论成果及时报送相关部门。对双周协商座谈会的报道与宣传，能够充分体现全过程人民民主，使民众了解政协在政治协商、民主监督、参政议政等方面所做的工作。

二、经济发展

经济发展是社会稳定不可或缺的条件，其重要性不言而喻。2021年12月11日，中央经济工作会议部署了2022年经济工作。会议指出，国家坚持创新驱动发展，推动高质量发展，强化对中小微企业、个体工商户、制造业、风险化解的支持力度，继续实施积极的财政政策和稳健的货币政策。结合中央经济工作会议与政府工作报告，2022 年关涉中国经济发展的热门话题有新发展理念、数字经济、中小微企业、金融政策等。

一是新发展理念。党的十八大以来，以习近平同志为核心的党中央提出“创新、协调、绿色、开放、共享”的新发展理念，回答了关于发展的目的、动力、方式、路径等一系列理论和实践问题，阐明了我们党关于发展的政治立场、价值导向、发展模式、发展道路等重大政治问题。习近平总书记在 2022 年全国两会期间提出“五个必由之路”，深刻阐明新时代党和人民奋进历程昭示的重要认识，深刻揭示了新时代中国的“成功密码”，其中贯彻新发展理念是新时代我国发展壮大的必由之路。“把握新发展阶段、贯彻新发展理念、构建新发展格局”这三个“新”，是由我国经济社会发展的理论逻辑、历史逻辑、现实逻辑决定的，是新时代党和人民奋进历程中宝贵的经验认识。

二是数字经济。数字经济发展速度之快、辐射范围之广、影响程度之深前所未有，正在成为重组全球要素资源、重塑全球经济结构、改变全球竞争格局的关键力量。习近平总书记在十九届中央政治局第三十四次集体学习时强调，数字经济事关国家发展大局。我们要结合我国发展需要和可能，做好我国数字经济发展顶层设计和体制机制建设。要加强形势研判，抓住机遇，赢得主动。各级领导干部要提高数字经济思维能力和专业素质，增强发展数字经济本领，强化安全意识，推动数字经济更好服务和融入新发展格局。要提高全民全社会数字素养和技能，夯实我国数字经济发展社会基础。

三是中小微企业发展。中小微企业是推动经济发展、大众创业、万众创新的重要载体，与扩大社会就业、带动经济发展、促进科技创新息息相关。受疫情冲击，中小微企业发展面临成本高、融资难等巨大挑战，关注中小微企业发展，就是稳民生、稳就业、稳发展。2022年政府工作报告就多处提及中小微企业，例如对小微企业实行减税降费政策，扩大政府性融资担保对小微企业的覆盖面，加大拖欠中小企业账款清理力度，将科技型中小企业加计扣除比例从75%提高到100%，扩大出口信用保险对中小微外贸企业的覆盖面等。

四是金融政策。金融政策与维护货币及金融市场稳定、市场经济发展密切相关，许多政协委员围绕金融政策建言资政。例如，2022年全国两会期间，全国政协委员肖钢建议加快构建金融科技伦理治理体系，将伦理道德纳入企业风控，包括由人民银行牵头、组建全国性金融科技伦理委员会；技术应用方面设置偏见控制机制，防止针对特定消费者群体的歧视性服务；组织金融机构和科技公司开展自我评估，将伦理道德纳入企业全面风险管理和内部控制流程；鼓励规模较大、技术复杂的金融机构设立“首席伦理官”等。

三、社会民生

民惟邦本，本固邦宁。党的十八大以来，以习近平同志为核心的党中央提出以人民为中心的发展思想，坚持一切为了人民、一切依靠人民，始终把人民放在心中最高位置、把人民对美好生活的向往作为奋斗目标。以人民为中心，关注社会民生始终是我们党和国家发展的出发点和落脚点。因此，2022年宣传热点必然离不开社会民生，具体包括乡村振兴、粮食安全、人口老龄化、婚姻生育、就业保障与防疫政策常态化等话题。

一是乡村振兴。民族要振兴，乡村必振兴，乡村振兴是全面建成小康社会，做好“三农”工作的重要战略部署。2022年中央一号文件发布中共中央、国务院关于做好2022年全面推进乡村振兴重点工作的意见，将乡村振兴工作放在重中之重。文件指出，第一要全力抓好粮食生产和重要农产品供给；第二强化现代农业基础支撑；第三坚决守住不发生规模性返贫底线；第四聚焦产业促进乡村发展；第五扎实稳妥推进乡村建设；第六突出实效改进乡村治理；第七加大政策保障和体制机制创新力度；第八坚持和加强党对“三农”工作的全面领导。

二是粮食安全。粮食安全是国家安全的重要基础，习近平总书记强调，中国人的饭碗任何时候都要牢牢端在自己手中，饭碗主要装中国粮。在粮食安全这个问题上不能有丝毫麻痹大意，不能认为进入工业化，吃饭问题就可有可无，也不要指望依靠国际市场来解决。要未雨绸缪，始终绷紧粮食安全这根弦，始终坚持以我为主、立足国内、确保产能、适度进口、科技支撑。

三是人口老龄化。第七次全国人口普查显示，我国60岁及以上人口已达2.64亿人，占总人口的比重比2010年上升了5.44个百分点，我国面临着出生人口持续下降、老年人口比重继续上升的新形势。有效应对人口老龄化事关民生福祉与社会和谐稳定。2021年11月18日，中共中央、国务院发布关于加强新时代老龄工作的意见，意见包括完善老年人健康支撑体系、促进老年人社会参与、着力构建老年友好型社会、积极培育银发经济、强化老龄工作保障、加强组织实施有关方面。2022年3月，国家卫健委等十五部门印发《“十四五”健康老龄化规划》，文称：国家卫生健康委等15个部门近日联合印发《“十四五”健康老龄化规划》，提出完善身心健康并重的预防保健服务体系等9项任务。文称：规划提出要完善老年人预防保健服务体系，开展失能（智）预防与干预工作，减少、延缓老年人失能（智）发生；以连续性服务为重点，提升老年医疗服务水平。

四是婚姻生育。家庭是一个社会的基本单元，婚姻生育不仅关系到家庭和睦，也关乎子孙后代与社会和谐稳定。2022年两会期间婚育话题亦受到委员热议。例如，全国政协委员黄绮提出，夫妻离婚时往往存在对另一方财产情况不明晰的情况，导致夫妻共同财产分割困难。她建议增加“夫妻共同财产知情权”，如凭借结婚有效证件去查询对方财产，明确离婚经济补偿该补多少，夫妻共同财产能分多少；此外，全国政协委员花亚伟提出关于完善支持生育政策的提案，他呼吁全社会以更加包容的态度对待未婚生育，满足大龄单身女性的生育意愿，对其生育的孩子在落户、就学、就医等方面一视同仁。他建议，允许年满30周岁以上的未婚女性生育一胎，且享受合法生育的产假、生育保险等权利。

五是就业保障。就业是民生之本，对社会发展具有重要意义。2022年政府工作报告多次提到就业，今年发展预期目标，城镇新增就业1100万人以上，城镇调查失业率全年控制在5.5%以内。具体来说，就业优先政策要继续强化、聚力增效。着力稳定现有岗位，对不裁员少裁员的企业，继续给予必要的财税、金融等政策支持。延续降低失业和工伤保险费率，扩大失业保险返还等阶段性稳岗政策惠及范围，延长以工代训政策实施期限。拓宽市场化就业渠道，促进创业带动就业。推动降低就业门槛，动态优化国家职业资格目录，降低或取消部分准入类职业资格考试工作年限要求。支持和规范发展新就业形态，加快推进职业伤害保障试点。继续对灵活就业人员给予社保补贴，推动放开在就业地参加社会保险的户籍限制。做好高校毕业生、退役军人、农民工等重点群体就业工作，完善残疾人、零就业家庭成员等困难人员就业帮扶政策，促进失业人员再就业。拓宽职业技能培训资金使用范围，开展大规模、多层次职业技能培训，完成职业技能提升和高职扩招三年行动目标，建设一批高技能人才培训基地。健全就业公共服务体系，实施提升就业服务质量工程。运用就业专项补助等资金，支持各类劳动力市场、人才市场、零工市场建设，广开就业门路，为有意愿有能力的人创造更多公平就业机会。

六是防疫政策常态化。疫情防控关系到人民群众的身体健康与生命安全，也是摆在全党和全国人民面前的头等大事，当前疫情发展形势复杂，战“疫”必须常抓不懈，推动防疫政策常态化势在必行。例如，为落实疫情防控措施，便利民众在疫情期间正常出行，2022年两会期间，王煜委员向大会提交了一份《关于形成全国统一的精准防疫标准的建议》，即在合适的时间，打造一个全国统一的信息平台，先是做到行程码、核酸报告、疫苗接种记录等检疫信息的互认，同时，再加快实现健康码、核酸证明、疫苗接种等疫情防控关键信息的数据整合与共享，形成全国统一的数据平台。

四、生态环境

生态环境保护是功在当代、利在千秋的事业，实现碳达峰碳中和是应对气候变化，着力解决资源环境约束问题的必然选择。我国高度重视碳达峰碳中和工作，碳达峰碳中和仍然是2022年的热点。2021年9月22日，中共中央国务院发布关于完整准确全面贯彻新发展理念做好碳达峰碳中和工作的意见；2021年10月26日，国务院印发《2030年前碳达峰行动方案》，方案具体内容包括总体要求、主要目标、重点任务与国际合作四个方面。具体来说，我国碳达峰目标包括“十四五”期间，我国产业结构和能源结构调整优化取得明显进展，重点行业能源利用效率大幅提升，煤炭消费增长得到严格控制，新型电力系统加快构建，绿色低碳技术研发和推广应用取得新进展，绿色生产生活方式得到普遍推行，有利于绿色低碳循环发展的政策体系进一步完善。主要任务将碳达峰贯穿于经济社会发展全过程和各方面，重点实施能源绿色低碳转型行动、节能降碳增效行动、工业领域碳达峰行动、城乡建设碳达峰行动、交通运输绿色低碳行动、循环经济助力降碳行动、绿色低碳科技创新行动、碳汇能力巩固提升行动、绿色低碳全民行动、各地区梯次有序碳达峰行动等“碳达峰十大行动”；2022年

1月24日，习近平总书记在中共中央政治局第三十六次集体学习时强调，深入分析推进碳达峰碳中和工作面临的形势任务，扎扎实实把党中央决策部署落到实处。有序推进碳达峰碳中和工作。我国已进入新发展阶段，推进“双碳”工作是破解资源环境约束突出问题、实现可持续发展的迫切需要，是顺应技术进步趋势、推动经济结构转型升级的迫切需要，是满足人民群众日益增长的优美生态环境需求、促进人与自然和谐共生的迫切需要，是主动担当大国责任、推动构建人类命运共同体的迫切需要。最后，2022年政府工作报告指出，有序推进碳达峰碳中和工作。落实碳达峰行动方案。推动能源革命，确保能源供应，立足资源禀赋，坚持先立后破、通盘谋划，推进能源低碳转型。加强煤炭清洁高效利用，有序减量替代，推动煤电节能降碳改造、灵活性改造、供热改造。推进大型风光电基地及其配套调节性电源规划建设，加强抽水蓄能电站建设，提升电网对可再生能源发电的消纳能力。支持生物质能发展。推进绿色低碳技术研发和推广应用，建设绿色制造和服务体系，推进钢铁、有色、石化、化工、建材等行业节能降碳，强化交通和建筑节能。坚决遏制高耗能、高排放、低水平项目盲目发展。提升生态系统碳汇能力。推动能耗“双控”向碳排放总量和强度“双控”转变，完善减污降碳激励约束政策，发展绿色金融，加快形成绿色低碳生产生活方式。

五、科技创新

马克思主义观点认为，科学技术是知识形态的生产力，即一般生产力，它能够应用于生产过程、渗透在生产力诸基本要素之中而转化为实际生产能力。在现代，科学技术日益成为生产发展的决定性因素。科学技术是先进生产力的集中体现和主要标志，是第一生产力。科技创新是提高社会生产力和综合国力的战略支撑，科技政策扎实落地亦是党中央、国务院部署的2022年重点工作任务之一，其中航空航天、企业创新、农业与食品科技创新、新能源汽车、人工智能等话题备受关注。

一是航空航天。航天梦是强国梦的重要组成部分，2022年我国载人航天空间站工程进入空间站建造阶段，将完成“问天”实验舱、“梦天”实验舱、“神舟”载人飞船和“天舟”货运飞船等6次重大任务，全面建成空间站。全国政协委员、航天科技集团总经理张忠阳介绍，届时，中国载人航天工程将实现首次6个航天器组合体飞行，首次航天员驻留达到6个月，首次2个乘组6名航天员同时在轨。

二是企业创新。走创新驱动发展道路，企业必然要成为创新主体。“十四五”规划中提出，要完善技术创新市场导向机制，强化企业创新主体地位，促进各类创新要素向企业集聚，形成以企业为主体、市场为导向、产学研用深度融合的技术创新体系。科技部部长王志刚表示，国家重点研发计划79%是由企业牵头或者企业参与的。高铁、5G、核电、新能源汽车以及科技冬奥、抗疫，很多都是企业在其中发挥着牵头或主力作用。企业创新能力是科技创新的重要推动力。

三是农业与食品科技创新。2022年3月6日，习近平总书记在看望参加全国政协十三届五次会议的农业界、社会福利和社会保障界委员并参加联组会时，强调粮食安全是“国之大者”，解决吃饭问题，根本出路在科技。农机与农业领域创新与我国农业高质量发展、推进乡村振兴战略密切相关，也是政府、民众与媒体关注的热点。在农机装备方面，农机装备的智能化、数字化、绿色化转型，农机与农业的融合发展是农业创新的关键；在食品科技方面，食品产业的发展事关粮食安全与国民生活，通过科技力量化解粮食安全难题至关重要。例如，全国政协委员孙宝国建议进一步提升食品产业与食品科技的战略地位，树立食品产业与农业同等重要的面向未来的发展定位等。

四是新能源汽车。我国新能源汽车产业发展迅速，与此同时也存在着芯片供应紧张、锂电原材料价格上涨、充电设施配套存在缺口等问题，成为民众热议话题。例如，全国政协委员丁佐宏提交了《关于将新能源汽车充电站作为公共基础设施建设列入城镇规划的提案》，建议首先政府部门要把新能源公共充电站的建设，当成城镇规划的重要内容，统筹布局；其次，对盈利困难的公共充电桩运营企业进行补贴；最后，政府应鼓励新能源科技创新，引导企业加大充电技术攻关，缩短充电时间。

五是人工智能。人工智能是科技革命和产业变革的重要驱动力量，正在深刻地改变着人们的生产生活方式。当前，人工智能产业对数字经济发展起到基础性作用，已成为我国经济发展的关键领域。2022年政府工作报告中提出，加快发展工业互联网，培育壮大集成电路、人工智能等数字产业，提升关键软硬件技术创新和供给能力。此外，人工智能与教育、医疗卫生、体育、交通等领域的深度应用亦是民众关注的焦点。例如，政协委员陈敏建议人工智能助力基层影像诊断能力提升，表示放射科数字化建设将是未来的趋势，这有助于推进我国医学领域制定标准、高质量发展；人工智能赋能疾病全病程管理；倒逼放射科人才队伍建设。

六、港澳台

维护国家主权和领土完整，实现祖国完全统一，是全体中华儿女的共同愿望，是中华民族根本利益所在。促进祖国和平统一是政协工作的重要组成部分，具体包括宣传贯彻有关祖国统一的方针政策；了解和研究有关台湾的政治、经济、社会等方面的重要情况；了解和反映港澳台侨各方面人士对祖国建设和祖国和平统一的看法和意见；开展对港澳台同胞和海外华侨、华人联络工作，广交朋友；促进海峡两岸人员往来和经济、文化等交流。因此，涉港澳台话题亦是2022年宣传热点之一。习近平总书记在中央政协工作会议暨庆祝中国人民政治协商会议成立70周年大会上的讲话中提出，人民政协要全面准确贯彻“一国两制”、“港人治港”、“澳人治澳”、高度自治的方针，引导港澳委员支持特别行政区政府和行政长官依法施政，发展壮大爱国爱港爱澳力量。要坚持一个中国原则和“九二共识”，拓展同台湾岛内有关党派团体、社会组织、各界人士的交流交往，助推深化海峡两岸融合发展，坚决反对任何形式的“台独”分裂活动。要广泛团结海外侨胞，吸收侨胞代表参加政协活动。要积极开展对外交往，为推动构建人类命运共同体提供正能量。此外，李克强总理在2022年政府工作报告中首次提到贯彻新时代党解决台湾问题的总体方略：我们要坚持对台工作大政方针，贯彻新时代党解决台湾问题的总体方略，坚持一个中国原则和“九二共识”，推进两岸关系和平发展和祖国统一。坚决反对“台独”分裂行径，坚决反对外部势力干涉。两岸同胞要和衷共济，共创民族复兴的光荣伟业。多位政协委员为实现祖国统一大业、中华民族伟大复兴而不懈努力。例如，中华网刊发文章《奋楫笃行，万里可期——代表委员热议推进祖国统一进程》，文称：参加全国两会的代表委员聚焦两岸关系，热议推进祖国统一进程。他们表示，民族复兴、国家统一是大势所趋、大义所在、民心所向，我们要以习近平总书记关于对台工作的重要论述为指引，全面贯彻新时代党解决台湾问题的总体方略，坚决粉碎“台独”分裂图谋，推动两岸关系和平发展、融合发展，团结两岸同胞共创国家民族美好前景。全国政协委员、全国台联副会长杨毅周表示，习近平总书记划出台湾问题上不容逾越的红线，彰显中国人民有坚定意志、充分信心、足够能力挫败一切分裂国家的图谋，对“台独”分裂势力形成强大震慑。

研判与建议

一、综合多渠道资源，加强政协品牌宣传

在移动互联网飞速发展的时代，网络新媒体由于门槛低、传播效率高、覆盖面广、影响群众多等特点已经成为不可替代的传播介质之一。加之疫情因素影响，各类活动主体线下活动受限、线上交流及信息需求增长，在政治层面催生出网络议政的刚需。网络新媒体在社会政治生活中的作用愈来愈重要，正在产生着对政治文化传播的强势影响力，成为与政治主体工作和实践相互融合密不可分的平台。2021 年 5 月 31 日，习近平总书记在主持十九届中央政治局第三十次集体学习时强调，讲好中国故事，传播好中国声音。因此，对于各级政协而言，建设政协自己的网络新媒体，借助网络新媒体打造政协品牌，不仅是紧跟互联网时代发展潮流，也是适应后疫情时代政协建设、推动社会发展及国家发展的必由之路。

需注意的是，随着互联网发展逐步深化，网络新媒体传播竞争愈发激烈，这对各级政协提出了更高的要求。如何加强政协网络新媒体建设，进而更好地打造政协履职品牌，做到为人民服务，成为一道摆在各级政协面前的重要命题。综合近两年各地政协网络新媒体建设实践探索，以及网络新媒体发展规律来看，各地政协应当从外和内两个层面发力，即借助权威媒体传播扩大政协声音，打造政协网络新媒体平台，塑造政协品牌，由此才能做到两相结合、均衡发展。

1. 重视中央媒体宣传效用，因地制宜做好政协品牌建设

总体而言，以中央媒体为代表的权威媒体具有传播范围广泛、影响力大的特点，其主要关注的是关乎国计民生、社会发展等大议题。

第一，若想获得中央媒体更多的关注，应当注重地域差异。对于北京、上海等经济发达超一线城市政协而言，由于所在地的地理位置与富集的人才资源，天然便能引发中央媒体的关注，因此北京、上海等地的政协委员更需做深做实调研与聆听社情民意工作，利用委员自身的专业素养，提出更契合民意的建议，为其他地方的政协发展提供参考。除北京、上海等发达地区的政协以外，若其他省级政协能够将国家发展战略与地方发展特点相结合进行建言献策，亦能够获得中央媒体青睐，如中央媒体较为重视报道贵州政协委员对大数据与地方发展阐述、黄河沿线省级政协对于黄河生态文化的建言献策等。

第二，应当注重把握重要时间节点。对于政协而言，历年来最受关注的节点无非是两会期间。无论是地方两会还是全国两会，政协委员的动态，尤其是涉及民生热点议题的言论、建议等均易引发社会关注。因此各地政协应当把握好两会的时间节点，努力建言献策推动委员影响力扩大。除两会以外，还可以结合党的二十大等重要时间节点及重要政策发布时间，地方政府活动重要节点等进行建言献策，或以专家身份对公众解读等，提高政协在民众心中的影响力。

第三，应当注重成果总结及履职品牌建设。对于政协而言，阶段性总结工作成果、持续加强政协履职品牌建设，将更符合中央媒体的信息采集需求，也更能塑造地方政协正面形象，提高政协的公信力。由此，各地政协应当积极展现履职成果、突出履职为民亮点、宣传政协委员风采，以政协正能量赢得权威媒体关注，助力建设政协履职品牌。

第四，加强与媒体的沟通往来。对于地处偏远、经济相对落后的地方政协而言，应与本地主流媒体保持密切联系与交流，借助地方主流媒体扩大政协在本地的声音，进而引发中央媒体关注，进行转载报道。在2021年政协网络新媒体实践中，亦不乏此类案例。

2. 整合人才与资源、制定矩阵化与品牌化运营策略，综合打造高性价比新媒体平台

在借助中央媒体报道之外，各地政协也应当加强以微信公众号为代表的新媒体平台建设。相较于其他新媒体平台，微信公众号具有资源花费相对较少、平台固定、功能相对齐全等特点，以微信公众号平台为核心进行新媒体建设，能在投入相对较少的前提下，取得更好的传播效果与工作效果。即对各地政协而言，将建设微信公众号平台与政协品牌打造相联动性价比最高。

第一，千里之行始于足下，政协微信公众号平台的设置、更新规律、定位应当与政协特色相符。大体来说，政协微信公众号板块设置包含展示与服务两类，其中展示类可以按性质不同分为展示政协活动、政协重点工作、政协委员风采、政协提案等与政协工作相关内容；服务类板块则可以设置社情民意聆听、公共信息服务等内容。各地政协可结合政协工作重点、地方发展特点以及互联网发展潮流，对已经在建的微信公众号进行再优化，尽量做到个性化设置、差异化建设、迭代化更新。在板块设置合理化后，政协应对自己所建设的微信公众号平台做好长线内容规划，制定并细化一份切实的工作时间表，保证按时、按质、按量完成公众号平台内容更新的任务。同时，政协还可以就公众号建设成效养成定期复盘的习惯，为平台不断优化提供思路。尤需注意的是，建设微信公众号平台是为了服务政协工作，因此公众号定位需注意契合政协特色，避免陷入追求成效而走偏的境况。

第二，结合矩阵化与品牌化运营手段，打造地方政协优势项目。我国地大物博，各地风土人情、现实情况皆有所异，但各省内经济水平、文化风土、人文习惯等都相对接近，因此以省为单位塑造各省政协品牌是一条行之有效的道路。首先，在网络新媒体建设领域表现优秀的省级政协多数都在发挥引导作用，对全省政协微信公众号平台以及政协履职品牌进行统筹规划，以矩阵化运营形式聚拢省内政协微信公众号平台，实现彼此之间可相互照应、引流，带动地方政协新媒体建设水平整体提升；同时省级政协还将履职品牌在全省推广，借助微信公众号平台将履职品牌贯彻上下，实现集中力量打造地方政协优势项目的目标。此外，省级政协还可同时规划全省考核标准，定期考核，对积极创新、表现优秀的地方政协予以支持。

第三，注重人才与资源的整合利用，借助专业力量提升传播效果。对于部分处于偏远地区的地方而言，专业人才短缺或成为限制地方新媒体平台建设的短板，而从浙江省政协、陕西省政协等微信公众号建设水平较高的地方来看，其将地方政协主办的传统媒体与新媒体进行资源整合，以传统媒体报道内容支撑新媒体平台建设，实则是为其他地方政协新媒体平台建设提供了发展思路。从资源利用和传播效能角度来看，借助政协主办纸媒力量建设政协新媒体平台，不仅可以发挥传统媒体人才优势，降低政协重新组建团队资源耗费，还能更为精准地把握政协品牌建设与民众关注内容的耦合点，大大提高政协新媒体平台内容的质量，为政协新媒体平台建设提供助力。

第四，注重总结新闻舆论传播规律、优化话语体系，以群众喜闻乐见的传播形式为人民服务。对于民众而言，政协所做的工作和组织的活动多数属于“硬信息”，难以引发民众兴趣，也较难在新媒体领域打开局面，若在建设新媒体平台中忽略这一点，以不接地气的官方话语体系做“官样文章”，很难在新闻舆论传播中取得良好的传播效果，也难以将政协“说话”的声音放得更大、传得更远。因此，各地政协还是应当注重对新闻舆论传播规律进行总结，均衡严肃与活泼，结合传播规律对一些“硬信息”进行软处理，把政协的报道在落实落细落小上下功夫，精准设置选题，贴近履职实际，使之适应当下的新闻舆论传播规律，拉近与群众距离，典型如合肥市政协所做的委员表情包就取得了不错的传播效果。

3. 讲好政协故事，塑造政协品牌

在政协宣传工作中，需要以更接地气的形式与内容向民众讲好政协故事，塑造政协品牌，着力增强统一战线团结、教育和引导的实效性、针对性和覆盖面，在更广范围和更深层次巩固和拓展统一战线主体力量。

首先，提案工作是政协工作的重要内容之一，讲提案故事就是讲政协故事。对于政协而言，每一件提案的诞生背后都凝结着委员的心血，从提案调研、联系群众到专项视察，可能都蕴含着动人的故事。借助网络新媒体将这些提案背后奔走在行业一线和基层的默默无闻的实干人物、提案提出和办理的生动情节等展示给大众，将赋予提案故事以更多的血肉，提高政协宣传的感染力和影响力，从中感受到政协委员心系民生、情暖民心的赤子之情。

其次，政协委员是人民政协工作的主体，讲委员故事也是讲政协故事。委员们深入社会进行调研，了解社情民意时的思索，对重要议题数十年如一日的坚持，高质量建言献策背后的努力等履职故事都是优秀的新闻选题，坚持以内容为本，挖掘在疫情防控等方面的委员故事，大力宣传政协委员

履职成果，用心用情讲述委员履职故事，发挥先进典型在政协宣传思想工作中的感召力，可以进一步提升政协品牌的号召力。

二、迎接中共二十大胜利召开，着力提升履职能力

2022年，中国共产党将召开第二十次全国代表大会，对此，人民政协要以更高标准要求自身，把迎接党的二十大和学习宣传贯彻二十大精神作为重大政治任务贯穿全年，充分体现政协委员高度的政治责任感和历史使命感，充分体现社会主义协商民主的独特优势。一是要自觉、忠诚、坚决捍卫“两个确立”，把习近平新时代中国特色社会主义思想、习近平总书记关于加强和改进人民政协工作的重要思想贯彻到履职工作中。二是要认真总结经验，建立常态化、长效化的学习教育机制，不断巩固拓展成果，用党的创新理论武装自己，在推进自身建设提升履职能力上取得新突破。三是设立适当的激励机制，推动广大政协委员热情为群众办实事、解难事，聚焦人民群众“急难愁盼”，在增进人民福祉促进共同富裕上作出新贡献，用实际行动落实党中央决策部署和对人民政协的工作要求。四是着力提升提案办理质量，政协委员要在提案调研上多下功夫，既要着眼长远，又要着力解决当下问题，催生更多接地气顺民心可操作的好提案，提升提案立案率；同时提升提案办理质量，要精准判明提案意图、精准确定承办单位，精细安排提办会商程序，发挥好提案助推作用，通过质量评价引领提办质量提升。此外，对于中央重大改革举措和重要政策的贯彻落实等，还需人民政协的民主监督。

1. 做大做强数字经济，扎实推动共同富裕

数字经济是继农业经济、工业经济之后的主要经济形态，其发展速度之快、辐射范围之广、影响程度之深前所未有。当前，新一轮科技革命和产业变革深入发展，数字化转型已经成为大势所趋。在此背景下，人民政协可积极破解数字经济发展过程中所遇难题，推动我国数字经济健康发展。例如，一是关注信息网络基础设施建设，推动5G商用部署和规模应用，参与推动6G国际标准化工作；二是为推进基础设施智能升级建言献策，譬如推动农林牧渔业基础设施和生产装备智能化改造，加强新型城市基础设施建设，提升市政公用设施和建筑智能化水平等；三是致力于企业数字化转型升级，引导企业发挥其创新主体作用，强化企业数字化思维，提升员工数字技能和数据管理能力，从而助推我国数字经济持续健康发展。

实现共同富裕，是社会主义的本质要求，是人民群众的共同期盼。党的十八大以来，我国全面建成小康社会取得伟大历史性成就，特别是决战脱贫攻坚取得全面胜利，绝对贫困问题得到历史性解决。但是，当前我国发展不平衡不充分问题仍然突出，城乡区域发展和收入分配差距较大的现象依然存在。推动全体人民共同富裕取得更为明显的实质性进展，是解决这一问题的根本着力点。一方面，人民政协可继续为增加城乡居民收入建言献策，尤其是完善重点群体就业支持体系，帮扶困难人员就业；健全工资合理增长机制，落实带薪休假制度；鼓励引导高收入群体和企业家增强社会责任感，积极参与社会公益事业等。另一方面，为进一步缩小城乡区域发展差距建言支招，包括推进城乡区域基本公共服务均等化、推动新型城镇化、建立高质量社会保障体系等，如切实提高养老、医疗、失业保险覆盖率等，为保障和改善民生贡献智识。

要实现共同富裕，乡村振兴是必经之路。民族要复兴，乡村必振兴。

要全面建设社会主义现代化国家，实现中华民族伟大复兴，最艰巨最繁重的任务依然在农村，最广泛最深厚的基础依然在农村。基于此，人民政协可围绕“全面推进乡村振兴”议题持续开展调查研究、协商履职、凝聚共识，具体包括：一是在粮食安全上绝不放松，筑牢农产品质量安全基石，强化农业风险管理；二是推动落实耕地保护政策，守住18亿亩耕地红线，坚决遏制耕地“非农化”、防止“非粮化”；三是促进现代乡村产业体系的构建，依托乡村特色优势资源，打造农业全产业链，多渠道帮助农民增收致富；四是聚焦农业绿色发展，如健全耕地休耕轮作制度，持续推进化肥农药减量增效，推广农作物病虫害绿色防控产品和技术等，通过开展主题调研座谈会、民主协商会等系列举措，推动协商议政，助力乡村振兴战略全面实施，缩小城乡差距，惠及民生福祉，从而加快实现全体人民走向共同富裕之路的步伐。

2. 坚定文化自信，传承中华传统文化

文化兴国运兴，文化强民族强。习近平总书记指出，中华优秀传统文化是中华民族生生不息、发展壮大的丰厚滋养，要保护好、传承好、利用好中华优秀传统文化，挖掘其丰富内涵，以利于更好坚定文化自信、凝聚民族精神。2022年政府工作报告中提到，加强文物古籍保护利用和非物质文化遗产保护传承。这也是首次将“古籍保护”写入政府工作报告，传统文化保护工作的重要性不言而喻。

对此，人民政协可进一步助推强化中华优秀传统文化的激活工作，挖掘其中的时代价值。一是改善文物保护状况，就做好文物保护利用和保障体系完善加强调研。如建言强化对可移动文物修复和预防性保护，创新文物安全监管模式，严密防范、有效打击文物违法犯罪行为，强化对文物保

护法律法规实施情况的监督，普及文物法治宣传教育等。

二是致力于博物馆事业高质量可持续发展。如推动博物馆免费开放不断深化，持续扩大公共服务覆盖面，加强主题策划，推介传承优秀传统文化、培育社会主义核心价值观、弘扬抗战精神和长征精神的精品展览。其次，充分挖掘博物馆的教育资源，为完善博物馆青少年教育功能试点，搭建中小学生社会实践平台，让更多中小学生走进博物馆。此外，进一步鼓励社会力量兴办博物馆，就民营博物馆发展举办专题调研座谈会，促进政府相关配套政策的落实与完善。

三是重视非物质文化遗产保护工作，把保护传承与开发利用有机结合起来。人民政协可就完善非遗保护传承工作机制展开深入调研，举办民主协商会，助力各项任务落实到政府、学校、企业、农村（社区），凝聚起全社会守护、传播和弘扬非物质文化遗产的合力；此外，还可充分挖掘非遗资源，助推及时申报非遗项目，开展非遗文艺巡演，打造非遗文化品牌。

四是利用“国潮”新趋势，激活传统文化生命力，推动中华传统文化的保护与传承。近年来，“国潮”风爆火，成为年轻人消费的新动向，人民政协可推动文物古迹、诗词歌赋、水墨书法等传统文化元素与国货品牌、科技创新、文化旅游之间的融合，让传统文化被更多年轻人所熟知。同时，积极开展文化交流工作，推动中华文化走出国门，使世界更好地理解和接纳中华文化。

3. 充分借助政协界别优势讲好“中国故事”

习近平总书记在中共中央政治局第三十次集体学习时强调，讲好中国故事，传播好中国声音，展示真实、立体、全面的中国，是加强我国国际传播能力建设的重要任务。当下，在国际形势波谲云诡、西方势力对我国虎视眈眈的外部环境下，转变话语体系，讲好中国故事，着力提高国际传播影响力、中华文化感召力、中国形象亲和力、中国话语说服力、国际舆论引导力是亟须补充的短板。

在对外传播上，人民政协可充分发挥界别特色优势，传播中国好声音，引导和传播正能量。一是利用好海外侨胞侨务资源，发挥海外华侨华人社团、华商商会的纽带作用，构建海外统战数字信息平台、联谊平台和服务平台这三大平台，不断扩大和充实有关数据库，用好、用活侨务资源，为海外统战工作提供保障。二是“走出去讲”与“请进来看”相结合。通过举办形式多样的文化交流体验活动增加中外文化互动，展现充满活力、友善热情的中国，发挥好新媒体平台媒介的宣传作用，将中国故事传播出去。

专家解读

做好政协新闻宣传　广泛凝聚社会共识

| 朱永新 | 全国政协常委、副秘书长，民进中央副主席

中国共产党领导的多党合作和政治协商制度，是我国的一项基本政治制度。政协新闻宣传工作是政协工作的重要组成部分，也是党的新闻宣传工作的重要组成部分。做好政协新闻宣传工作，有利于人民政协围绕团结和民主两大主题履行职能，有利于形成全党、全社会重视和支持人民政协工作的良好氛围。政协的新闻宣传工作要不断提高舆论引导水平，促进各党派团体和各族各界人士不断增进对中国共产党领导和中国特色社会主义制度的政治认同、思想认同、理论认同、情感认同，汇聚同心共筑中国梦的强大合力。政协新闻宣传工作应主动在全媒体视角下进行谋划与加强，努力为人民政协在新时代、新形势下，充分发挥统一战线组织的功能和作用，寻求最大公约数，画出最大同心圆，传递正能量。

近年来，人民政协报在推动媒体融合发展、多样化扩展宣传内容上做了很多有益的尝试，取得了很好的效果。比如人民政协网入列中央重点新闻网站序列，成立融合发展中心，推动报网端微屏的策、采、编、发一体化运作，“人民政协报”“有事漫商量”“掌千秋”等微信公众号，在政协新闻宣传领域具有一定的影响力和知名度。人民政协报开辟的调研专版、委员故事版等，以整版的方式深入报道有关视察调研活动或者委员履职风采，盘活了新闻，形成了视觉冲击力，发挥了传统媒体的优势。特别近年来为适应疫情防控大局需要，人民政协报创新特殊背景下的两会宣传报道形式，邀请全国政协委员作为特邀记者、特邀评论员提供现场新闻、独家评论，

形成委员报道委员、委员报道两会的创新和亮点。

政协新闻宣传工作肩负着繁重而光荣的职责使命，要出色完成这样的重大使命，政协新闻宣传人员必须努力做到“十八般武艺样样精通”。关于政协的新闻宣传工作，我有以下几点思考。

一、政协新闻宣传工作要提高政治站位，坚持正确的舆论导向。

党的新闻宣传工作的性质、地位和作用决定了新闻宣传工作必须把坚定的正确政治方向摆在第一位，精准把好政治引领这个“方向盘”。正确的舆论导向，不仅是增强政协新闻宣传工作指导性的必然要求，也是政协新闻宣传工作的生命线。政协新闻宣传工作要提升政治觉悟，必须坚持以习近平新时代中国特色社会主义思想作为指导，强化理论武装，提高政治站位，要恪守党管宣传、党管意识形态的观念，严守正确的政治方向、舆论导向以及价值取向，以积极合理的方式引导人民，确保人民对党和国家的方针政策有着正确的了解，发挥好政协新闻宣传工作在加强思想政治引领、广泛凝聚共识中的独特作用。

人民政协源于人民，服务于人民，表现出自身独有的人民性，凝心聚力是人民政协履行好自身职能的重要内容。政协新闻宣传要发挥政协团结的作用，向人民积极地宣传人民政协建言献策、参政议政的成果，展示政协委员岗位建功、奉献社会的风采，增强政协宣传工作的力度，提升政协宣传工作的影响力和公信力。要让全社会在理解“政协是什么”“政协干什么”的同时，明白“为什么要做政协工作”及“怎样做好政协工作”，做好政协委员和群众的“代言人”，确保政协新闻宣传工作能够充满生机与活力，为政协更好地履行职能创造良好的舆论环境。

二、政协媒体要突出特色，盘活素材，增强新闻可读性。

政协新闻在宣传方式和舆论引导上不同于一般性的新闻报道，具有鲜明的统战特色、协商特色、界别特色和人才荟萃特色，对新闻宣传的专业性要求较高，因此政协的新闻宣传工作要紧扣政协工作实际、关注社会热点难点、彰显协商民主特色，让读者爱看、让委员满意、让社会关注，切实发挥好自身的优势。

一是应准确把握政协工作涵盖的范围，要深入挖掘好人民政协在建言资政、收集民意、汇聚民声、统战实践、文史研究等方面的资源优势，生动反映人民政协政治协商、民主监督、参政议政以及统一战线、多党合作方面的典型事例，进一步讲好中国故事、政协故事、多党合作故事，更好地向世界展示中国特色社会主义政治制度的优越性，广泛汇聚积极向上、团结奋斗的正能量。

二是要遵循“三贴近”的原则，贯彻落实“走基层、转作风、改文风”精神，从政协资源中深挖能够满足读者需求的选题，推出一批“身沾露珠，脚踩泥土”的新闻作品，多角度反映基层政协的工作亮点和新鲜经验，生动展示和记录广大政协委员聚焦党政中心工作履职尽责的精彩故事，让新闻宣传报道更加具有可读性。

三是盘活政协的资源优势。人民政协在人才方面有很大的优势，素有“人才库”“智囊团”之称。各级人民政协组织中，专家学者、行业精英众多，这是人民政协的一笔巨大财富和优势。政协新闻宣传要充分利用这些优势，大力宣传政协组织、政协委员的意见建议，使其转化为全社会的思想财富，上升为党和政府的决策依据，促进党和人民事业的发展。

三、政协媒体要善于利用新媒体，创新宣传工作的途径。

习近平总书记明确提出，促进媒体融合发展是新时代发展给我们出的一道重要课题。当今的新闻宣传工作，可谓报网端微屏百花齐放、文图音视交相辉映。从再造采编发的运行流程，到改革新闻生产体制机制，各大媒体纷纷发力融合发展。随着人民政协事业蓬勃发展，性质定位更加明确，工作领域不断拓展，地位作用日益凸显，制度更加成熟定型，政协的新闻宣传不论是内容还是形式，都越来越丰富。

对政协新闻宣传来说，突出“新”要成为常态。这个“新”，不仅要传播内容新颖、可读性强，更讲究传播的技术和手段快捷、全面、震撼，树立互联网思维，把握现代新闻传播规律和新兴媒体发展规律。这就要求政协新闻宣传要紧跟时代步伐，积极革新工作理念和工作方法，紧密结合政协工作发展实际和移动互联网时代信息的传播特点，创新内容编排，努力创新政协新闻宣传工作的途径。

常年和媒体接触，让我总是能够第一时间感受到新闻传播技术手段的不断更新，感受到新媒体的力量。基于互联网技术的新媒体，实现了信息跨区域高速传播，受众能够在新闻事件发生第一时间了解相关信息；新闻能够整合文字、图片、视频和声音等信息表现形式，受众可根据自身需求选择新闻形式；媒体与受众互动，通过新媒体平台可以互动，受众可表达自己的看法，强化了新闻传播效果；新闻覆盖范围更广，受众只要连接互联网，拥有智能设备，就能够实现新闻信息的接受与传播。我自己也尝试通过微博、头条号来发表文章，和读者互动。2021 年两会期间，我还接受了新华网 MR 全息访谈节目，节目就是通过 5G+MR 智能演播厅技术，邀请代表委员进行异地同屏的全新访谈形式，受众非常感兴趣，访谈效果也非常好。

我注意到人民政协报社入驻了学习强国、今日头条、抖音等 10 余个超级平台，报社还注重报网联动打造独家内容和深度阅读，融合图文、视频、动漫、H5 等元素的新媒体产品，创造了多个十万 +、百万 +，甚至是千万 +，进一步扩大了政协新闻宣传的影响力和传播力。

四、政协媒体的宣传要凸显政协职能，形成独树一帜的宣传风格。

政协新闻有政协新闻的话语体系。新时代人民政协新闻宣传工作要准确地把握人民政协的性质定位和工作职能，在宣传工作中重视对爱国统一战线的体现，发挥政协工作的职能，形成独树一帜的舆论宣传特色。政协新闻宣传要重视体现政协的特色和优势，做到面向党派、面向界别、面向委员，使政协新闻宣传更加生动活泼，富有成效。要注重体现统一战线特色，努力促进政党关系、民族关系、宗教关系、阶层关系、海内外同胞关系的和谐；要注重体现协商民主特色，宣传政治协商实行科学民主决策的情况，宣传各党派团体和各界人士在政协组织中共商国是的生动实践；要注重体现界别特色，宣传政协根据界别开展活动的生动局面，通过界别渠道反映社情民意、促进团结稳定的成绩；要重视坚持突出委员主体作用，讲述好委员故事，传递好委员声音，展现好委员形象。

当然，在政协的新闻宣传工作中，不能自编自演、自拉自唱，要扩大和加强与新闻媒体的深度合作，注重突出履职活动的特点，使宣传工作更加生动活泼、富有影响力。

近两年，我被邀请成为人民政协报的特邀委员记者，两会期间还同时给人民政协报、新京报、中国青年报等写两会专栏。从 2013 年开始，我每年两会都会以日记的形式，记录下参与两会的情况和感悟。日记没有华丽的语言，有时候甚至就是我两会期间的“行程汇报”，我希望以一种纪实、接地气的方式向广大读者讲述两会讨论哪些事，政协委员如何共商国是、建言资政，政协委员的提案建议，以及会议上的讨论如何产生作用。我想告诉大家两会不是遥不可及，它跟咱老百姓的柴米油盐酱醋茶息息相关。有一些好朋友看到我每天的行程，发短信来希望我“不要太辛苦”。我能够理解他们的好意，但是我更知道自己的使命与担当，那就是发出党派的声音，让更多的人了解我们；发出学者的声音，让更多的人理解教育；发出委员的声音，让智慧的建言更好地资政。

两会期间人民政协报都会连载我的日记。日记引起了很多读者的关注，评论区里有很多网友给我留言。去年两会期间，俄罗斯和英国的两位出版人联系我，说希望出版我的两会手记。他们说，“看了您这个两会日记，会颠覆很多人对于中国全国两会的想象”。“现在海外媒体和学者，对于中国的两会，评论都是很不客观的，因为他们也是道听途说，也没有一手资料，也没法了解。两会上讨论的这种方式，这种主席、委员和代表之间的互动，在外面是看不到的。”我想，这就是政协新闻宣传话语体系的优势所在，讲出政协的好故事，大家还是非常感兴趣的。

五、政协新闻宣传要抓好队伍建设。

做好新形势下政协新闻宣传工作关键在人。提高政协新闻宣传工作质量的根本抓手和有效措施是大力抓好政协新闻宣传队伍建设。一要大力加强作风建设，不断加强政协新闻队伍的大局意识、责任意识、阵地意识的培养，提高舆论引导能力，牢牢把握正确舆论导向；二要切实构建培训的长效机制，进一步创新培训理念，树立“以人为本”的思想，积极探索和遵循人才成长规律，有计划分层次对人员进行培训；三是注重实践锻炼，不断增强综合业务能力，特别是要不断增强政协新闻宣传工作人员的脚力、眼力、脑力、笔力，切实提高宣传工作人员高质高效做好政协新闻宣传工作的能力和水平，在融媒体格局下，我们才能抓住受众，更好地提升舆论的传播力、引导力、影响力、公信力，切实把政协新闻宣传工作做大做强。

当前，我国正处于实现中华民族伟大复兴的关键时期，人民政协凝聚人心、凝聚共识的任务更加艰巨。全媒体时代的发展大势，给新闻舆论和宣传思想工作的开展带来了前所未有的挑战，也打开了全新局面。政协新闻宣传工作要主动适应，奋力作为，传递政协好声音，讲述中国好故事！

新媒体建设为两岸互动交流搭建桥梁

| 潘新洋 | 全国政协委员、台盟中央秘书长

我对新媒体了解不多，接触也不多。但即便我是外行，也要努力尽力地完成一份答卷。

如何运用好新媒体，传播政协和委员们的正能量、好声音，这个题目非常有意义，发人深思，值得政协委员们研究探讨，议论交流，进而从中找出一些具有规律性的道与理，普遍性的现与象，尽早融入其中掌握驾驭，善尽其用。

工作上的原因，我曾与新媒体有过接触和合作。2020 年 10 月，由台盟中央举办的首届“唱响统一 ——海峡两岸青年歌会”，就是通过与咪咕视频和共青团微博等新媒体平台现场同期播出，收视率远远超出预期。此外，台盟中央“大江论坛”涉台品牌系列活动，“斗阵来围炉”两岸台胞新春云团聚活动都通过新媒体加以播放传递，取得良好效果。

我自己对新媒体的感受也是挺深刻的。2021 年全国政协十三届四次会议期间，我在委员通道接受记者采访，那一场的实况影像，很快就都在 B 站、抖音、快手、微博、网易、搜狐等媒体平台传播。这些媒体平台抓拍的画面很有特色，重点突出，很能吸引眼球，而且还有留言栏目上的互动交流，与观众的距离拉得更近。2019 年 1 月 2 日，《告台湾同胞书》发表 40 周年纪念会一散会，我同样是在人民大会堂接受央视媒体采访，采访的画面在当天的《新闻联播》播出后，一些朋友、同事都打电话或通过微信告诉我：“在《新闻联播》上看到你啦！”但过了挺长时间，仍然有人说：看到你上《新闻联播》了！搞得我有点蒙。后来才明白，朋友们是在新媒

体的视频平台上看到了之前央视的画面。央视和新媒体各有特色所长，加强了媒体宣传的力度和效果，大大拓展和延伸了与观众们的互动交流。

工作中我也接触到一些在大陆新媒体就业创业的台湾年轻人。他们有的聚拢在一起开微信公众号，有的在微博等平台上制作特色节目，还有的成了抖音、快手小有名气的主播。和这些台湾青年聊起新媒体，我就是一只菜鸟。我饶有兴趣地听他们讲各种见闻，更想了解他们对祖国大陆新媒体的真切感受和意见建议。每当收到台盟的邀请，台湾青年都积极踊跃参与。最近，听说有位台湾小妹妹跳槽去另一家新媒体平台做主播，原因是待遇更好！可见，对于祖国大陆新媒体激烈的竞争环境，台湾青年也能很好适应。期待在大陆新媒体从业就业的台湾年轻人，都能早一点融入其中，事业有成。

谈到新媒体，不能忽视了当下以直播带货为代表的网络营销活动。大众创业、万众创新助推电子商务和网络营销不断换代更新，借助新媒体得以不断火爆的直播营销模式，对社会和百姓生产生活所产生的冲击和影响日益凸显，这些冲击和影响之广泛和深远也许是目前我们无法预料的。2020年以来，相关部门积极作为，密集出台政策法规，引导和规范直播带货等网络营销活动，做了不少有益尝试。建议今后进一步高度重视、密切跟踪以新媒体为依托的网络直播营销活动，及时完善法治化、规范化的市场准则，加大力度引导和监管电商依法经营，诚实守信，引导广大消费者理性消费，依法维权。

未来，我们的视野应更广阔，举措应更坚定自信，不断守正创新，让网络营销和电子商务插上新媒体的翅膀，不仅要涵盖港澳台，更要面向世界，完胜欧美，毕竟我们在这个领域已经走在了世界前面。更多地利用高科技数字化手段，更多地注重发挥中国特色社会主义制度优势，新媒体的道路一定会越走越宽广，给百姓的精神文化体验带来更多正能量，给人民的物质生活带来更多便利和惊喜。

有效运用新媒体　传播政协好声音

| 骆沙鸣 |　全国政协委员、台盟中央常委

结合政协委员履职工作，我想谈谈如何用好新媒体、传播政协和委员好声音，努力做中国共产党的好参谋、好帮手、好同事，讲好中国好故事的实践探索和粗浅体会。

各级政协委员都应当在履职中注重统筹推进疫情防控和经济社会高质量发展、注重建言资政和凝聚共识双向发力，要以新发展观，围绕党委政府中心工作，正向多维度地用好政协话语权，灵活运用新媒体主动参与全过程民主，在中央主要媒体上敢发声、善发声、发好声，增强人民政协的社会凝聚力感召力。

当我了解到中共中央听取政协党组工作汇报时，同意政协对“十四五”规划的实施工作进行民主监督，我就主动做选题调研分析提出针对“十四五”规划的政策建议，以政协委员之力在国家治理体系建设中发功，同时也提高了政协民主监督效能，运用各种新媒体发挥政协协商式监督优势。陆续发表围绕人产城融合双轮驱动形成的提案《加快我国韧性城市建设铸就城乡融合发展与安全之魂》；围绕深化供给侧结构性改革，加快发展现代产业体系形成的提案《加强科学谋划推动全国绿色低碳循环经济体系建设》；围绕高水平对外开放优化营商环境形成的提案《创造数字贸易新机遇推动我国服贸高质量发展》；围绕优化资源配置促进协同发展形成的提案《以数据生产要素撬动城乡融合高质量发展》等10多篇文章，为凝聚共识发挥了良好社会效果。

人民政协要发挥智力密集的优势和界别联系广泛的优势。在每年的全国政协全体会议期间我都会提交十几篇大会书面发言，如去年的《加快构建我国绿色供应链促进绿色消费》等12篇内容广受媒体关注。

2021年，我提交的《关于建议2022年隆重纪念郑成功收复台湾360周年的建议》《关于设立海上丝绸之路国家文化公园的提案》等5件政协提案，部分受到媒体关注，引起社会上广泛热议；在《人民政协报》和人民政协网上发表了《让相对贫困人群共享乡村振兴红利》等10多篇文章；以微视频的方式迎接党的百年华诞，彰显人民政协的政治性，与中国共产党同心同向同行。

此外，去年我积极参与组织举办《我们一样YOUNG：桑梓同心 青年同行》活动，该活动有近百名台湾大学生参加；组织台盟中央台情与两岸关系研究委员会举办“第十届海峡两岸闽南语歌星选拔赛”和“两岸闽南歌谣大赛”；在海峡论坛的两岸社区治理论坛上作《繁荣发展民俗文化助力构建两岸命运共同体》主旨发言。该发言和其他两岸活动在直播、抖音、公众号等各种新媒体平台广泛传播，得到两岸群众的广泛点赞。

2020年底，我在中央主要媒体上发表《唤醒两岸共同记忆 开始思考统一后台湾治理问题》一文，文章发布后在微博话题阅读量达到480.3万，为反“独”促统、凝聚共识、汇聚力量作贡献！

作为居住工作在台胞台企登陆的第一家园的住闽全国政协委员，我提出的《加快推进两岸共享冬奥红利和文化认同的若干建议》等建议得到全国政协领导的批阅并责成部门落实。促成了团结和组织台湾青年参与2022年冬奥会志愿服务工作，在两岸青年当中共同诠释了“两岸一家亲”的理念和传承守望相助的传统美德。

学习是新时代人民政协的重要工作内容和基本功，也是政协委员的生活方式之一。政协委员要积极参与委员读书群活动，在知识的海洋里汲取养分和弥补知识结构缺陷，更好地知情明政。按照“读出政治责任，读出精神追求，读出生活方式”的要求，我积极参与书香政协的活动和全国政协与福建省政协分别组织的读书群活动，让读书学习嵌入履职实践、融入委员生涯。还受邀参与全国政协“战略思维”等读书群的关于“经济社会发展战略”的导读，多次参与全国政协专委会组织的学习群，在视频会上发言谈体会、转成果，被全国政协评为读书活动积极分子。

在新时代发展大潮中，如何讲好中国故事、讲好政协故事、讲好多党合作故事、讲好协商民主故事，值得思考。

2022 年，我将进一步增强使命担当、强化调研协商，聚焦中央、福建省有关科技创新、海洋经济、绿色经济、数字经济等重大关键课题和民生热点，不断提升协商成果转化效果和信息提案的提质增效。深入台胞台商台青台生中，以融合为核心、以调查研究下基层为抓手、以增进两岸同胞福祉为归依、以促进祖国统一为目标，努力做一名不但懂政协、会协商、善议政、重品行，而且知台湾、懂两岸、汇民意、促融合的台盟界别政协委员，与大家分享如何更好地守初心担使命、全面准确贯彻“一国两制”，为推进两岸关系和平发展和祖国统一、实现中华民族伟大复兴的中国梦作出应有的贡献。

让学习民法典成果飞入寻常百姓之家

| 吕红兵 | 全国政协委员，全国律师协会副会长、国浩律师事务所首席执行合伙人

全国政协读书活动方兴未艾，热火朝天。汪洋主席要求，读书群要办成“大学校”；刘奇葆副主席也强调，要发挥读书群的“外溢效应”。

作为“学习民法典读书群”的群主，我的体会就是，“内外结合”“内满外溢”。这是学习与履职相结合的重要体现，也是自我提高与凝聚社会共识的表达。因此，政协委员读书，不光是“墙内开花”，还要追求“红杏出墙”，实现里里外外皆闻“扑鼻香”。

在此过程中，内靠一个“群”，外凭一张“网”。拿我们学习民法典读书群来说，“一个群”，就是全国政协社会法制委员会承办的“学习民法典读书群”。虽然本人荣幸地被指定担任了群主，但是我深知自己学识不足、专业有限、能力不济，唯有在领导的关心和委员的支持下方能担当此任。我记得汪永清副主席在发布“动员令”时专门给大家讲，这次读书不是读的一般之书，而是读的法律之“典”，要注重法理和实践相印证，体系与重点相结合。令我们深受感动和鼓舞的是，汪洋主席深入群中作出重要指示：“以案说法好！”刘奇葆副主席则欣然题诗：“万众享良法，岭上皆梅花。”

“一张网”，就是人民政协网。如果说“一个群”重在“内修”，而透过“一张网”便形成“外溢”，从而助推宣扬民法典，传播法治好声音。读书群按照“把准政治方向，强调内外有别，尊重传播规律，稳步扩大影响”的原则，瞄准民法典与老百姓的息息相关处、密不可分点，运用人民政协网及其

微信公众号，多手段展示、全时空发布。社法委吕忠梅驻会副主任不仅是“群里”总策划，也是“网上”总导演，并且亲自出场、率先示范，带领我们导读组成员，既发声，又亮相，推进掀起学典一阵又一阵的小高潮。

应该说，人民政协网功不可没！编辑记者们策划的小文章，既考虑法律常识、法典条文，又关照读者需求、网民习惯，开辟了“委员导读”“委员说法”“一词一解”“一问一答”“一案一说”“读典互动”等小栏目，注重以案说法，喜闻乐见，通俗易懂，图文并茂，雅俗共赏。从小文章的题目就可以看得出来：“权利、权力、权益，你真的会用吗？”“营利、盈利、赢利、牟利、谋利，到底有啥不同？”“‘苟晶’们被冒名顶替上大学，能依据民法典维护权益吗？”“少年打赏女主播，此钱可否要得回？”“月球土地和虚拟货币，民法典都保护吗？”“因参加球赛受伤，该谁负责？”“搭顺风车遭遇车祸，谁来担责？”……

除了每周皆在网络上“如约而至”的小文章，人民政协网上还结合读书群里的学习进程和学习民法典的主题，策划了多期小视频：“委员学习民法典到什么程度了？”“委员学习民法典进程过半，接下来将怎么学？”“全国政协学习民法典委员读书活动，收官！”以及“借款100万还了30万，是还了利息还是本金？”“剪自己的头发是否违背身体权，卖自己的肾会有啥法律后果？”……正是：群内共线上一色，文字与视频齐飞！

不经意间，一年的时间就这么过去了，小文章发了300多篇，累积了70万字，于是一本书自然也就诞生了，使得外溢效应更加持续、更加长远。这本书，就是《学好用好民法典》。“一本书”提炼自“一个群”的精彩，升华于“一张网”的闪亮，集群中读书的深度与网上传播的广度之大成、合一体，将网上“委员导读”“委员说法”等几个小栏目编纂融合，按照民法典体例铺开，以案例为切入点，围绕其所涉法律问题，从委员导读、名词解释、问题解答、讨论交流等多个角度渐次展开，在一字一句中领悟立法精神、坚定法治信仰，在释明解意中把握亮点特色、厚植法治理念，突出民法典的生活化与实用性、易读性和普适化，真正让民法典走进千家万户、让法治书香浸润百姓心间。

网络传播的成功与书籍问世的顺利，自然要鸣谢“一群人”。汪洋主席的重要指示“以案说法”，已成为我们的读典方法论、编书着力点。刘奇葆副主席有关“溢出效应”的重要指示，使我们感受到读书与履职双驱动、双收获的魅力。

汪永清副主席“把学习民法典的收获更好地转化为协商议政的过硬本领和工作成果”的要求，则让我们不懈努力，深感任重道远。吕忠梅驻会副主任劳苦功高，是网上文章与书籍编著的真正主编，率领 10 位导读委员字斟句酌，挑灯夜战。而 250 多名委员废寝忘食参与并互动于读书群中，正是我们撰稿与写作的“总后台”。当然，还有此前提到的人民政协网的领导、编辑、记者、主持人们，齐心协力，追求卓越。正是“一群人”，成就了“一个群”，点亮了“一张网”，写就了“一本书”！

“书香致远，墨卷至恒。”“晴空一鹤排云上，便引诗情到碧霄。”读书精彩纷呈，履职硕果满枝。全媒体融合，推动委员读书活动从“书香政协”到“书香社会”，事半功倍，大有可为！

新媒体迈入5G赛道，媒体融合进入纵深发展阶段

| 张云勇 | 全国政协委员、云南联通党委书记兼总经理

“清晨，5G路由器用悦耳的声音叫醒你，感知你的睡眠质量，连接你的咖啡机。当你到达办公室，可以在办公室用5G召开远程会议。会议期间，你突然接到快递到达信息，你可以用手机操作接收快递，让无人机把快递送到你的办公室……”2019年全国两会期间，走上委员通道接受采访，我给大家描绘了5G生活的美好图景。如今，这些图景很多已成为现实。不用刻意感受，数字经济正润物无声地改变着我们的生活方式和思维模式，共享单车、无现金支付、网络订购等，几乎成为人们须臾不离的生活细节。随着5G时代的到来，大数据、物联网、人工智能等信息技术加快发展，未来还会有更多的新应用、新场景，为人民的美好生活赋能。

作为全国政协委员、通信行业的代表，除了在自己的专业领域推动5G发展，我还有另一个角色——5G宣传员。在全球数字化加速转型的背景下，我国5G技术发展全球领先，站上了科技舞台的中央，而我自己此前长期在中国联通研究院从事相关技术的攻关、研究工作，为5G积极发声、讲好中国故事是我义不容辞的责任，包括基于5G的科技扶贫、科技抗疫那些奋进、动人的故事。

5G对于推动数字经济建设发展具有重大意义，随着5G时代到来，各行各业以及社会大众对于5G的需求更为刚性。简单来说，5G有助于高品质生活，使家庭生活更为智慧化，包括智慧教育、智慧医疗、智慧出行等；

5G 有助于高质量发展，各行各业都利用 5G 作为基础设施，提升水平，实现工业数字经济；5G 有助于高效能治理，基于 5G 的智慧政府、智慧城市、智慧乡村等一系列建设，让数据多跑腿，让群众少跑路甚至不跑路。

新媒体发展，也从 2G、3G、4G 来到 5G 赛道，迎来新一代信息通信技术发展的重要方向。未来，5G、云计算、大数据、人工智能、区块链等技术将与产业发展紧密融合，产品研发进一步升级，产业链更加优化，催生多元化产品类型、商业模式和管理服务，媒体融合进入纵深发展阶段，新传播技术不断更迭，必将深刻影响新闻的生产与传播方式。

作为人民政协报特邀委员记者，我近两年参与拍摄全国两会开幕式、闭幕式 Vlog，2020 年所拍开幕式，一炮打响，10 万 + 阅读量，2021 年从自拍杆升级为大疆自拍神器，鸟枪换大炮，拍摄要求更高，从近景自拍、中景拍摄途中风景以及全景拍摄人民大会堂、委员通道等，全方位展示了会议现场。还在人民政协网开辟“四方云动”专栏，先后发表数十篇文章和多个短视频，受到好评。

在融合发展的大趋势下，我也将创新形式带入委员读书活动。全国政协开展的委员读书活动是落实习近平总书记关于加强和改进人民政协工作的重要思想的实际行动，以建立读书群的形式，组织各位专家委员一同选书、读书、讲书、评书，通过“线上研讨 + 线下交流 + 专题互动”的方式，带动委员们建言资政，跨群组、跨界别谈国是、话共识。我在政协书院“数字经济”和“中国现代化发展”读书群中担任群主，在“5 G时代展望”“人工智能”“中共党史学习”读书群中负责导读，被评为 2020、2021 年全国政协委员读书积极分子”。

以“数字经济”读书群为例，自 2020 年 10 月 1 日启动，至 2021 年 1 月 7 日结束，3 个月期间，共有 185 名委员参与讨论，发言超过 6000 人次，形成了 70 余万字的发言。为了更加直观地感受数字经济和实体经济的融合，读书群还在保障疫情严防严控的前提下组织开展了四次线下活动，分别走访中国联通集团、工业互联网研究院、360 公司和滴滴出行公司。通过实地调研，委员们真切感受到当前数字经济在各领域的深入应用，分享关于数字经济、数字化转型的经验、领悟与理解，并就数字经济发展的具体问题寻找答案，为线上深入交流提供了更多鲜活的实践素材。

除了读书活动，在其他宣传宣讲工作中，我充分发挥新媒体特长，努力做好前沿科技的普及与推广工作，力求通过自己的宣讲，让更多人对技术研发与创新有更多的认识与感悟。

两会期间，向李克强总理汇报了数字经济的发展成果，提出了发展建议；委员通道中，讲述 5G 新基建的发展，谋划智慧生活。在《人民政协报》《人民邮电报》、新华网、人民网等重要报刊或媒体平台，多次发表中、英文文章或接受采访，为行业发声；在央视《焦点访谈》《对话》，凤凰卫视《一虎一席谈》等节目，担任嘉宾，分析分享国家发展的重要方针政策。

受邀参加 2021 年 7 月 1 日在天安门广场举行的庆祝中国共产党成立 100 周年大会，现场聆听习近平总书记发表的重要讲话后，7 月 2 日，于《人民政协报》和人民政协网分别发表文章《启航的初心 奋发的雄心》《坚守传承红色基因加快 5G 通信事业发展》，以发表文章谈感想的方式，以中国通信事业跌宕起伏的发展历程为切入点，宣讲习近平总书记“七一”重要讲话精神。

此外，为积极宣讲党史理论，我查找翻阅《中国共产党简史》《论中国共产党历史》、全国政协文化文史和学习委员会编制的各种回忆录、亲历记等书籍，在互联网中搜索查找中国通信、红色通信、移动通信等历史资料，利用碎片化时间深入学习研究，系统化整理总结形成近 10 万字党史学习宣讲材料。

以此材料为蓝本，邀请同事组成视频制作团队，我作为主讲人，历时

40 天录制了 10 期累计时长约 330 分钟的“张委员讲党史”系列党课视频，同步发布于联通先锋、产品中心公众号、腾讯视频等学习平台或视频网站。相关党课视频在公司内部引起强烈反响，被多个党支部作为党史学习必选，各个平台累计播放量达 1 万余次。

党课内容上主要体现创新性，红色通信史、中国通信史、移动通信史、新中国北京通信史、新中国计算机史（4 讲）站在信息科技、通信技术发展的角度，以史为鉴，诠释技术革命，展示党史内涵的博大精深。通俗性体现在讲述方式上，党课内容以重要的里程碑事件，典型历史故事为表现形式，故事性强，感召力大。系统性不言而喻，从党史、两会史再到红色通信史、中国通信史等，全方位立体化讲述不同历史时期及背景下，中国共产党的发展，中国通信行业的演进。

对 5G 的宣传以及对前沿科技的普及与推广不仅局限于行业内部，还需积极进行理论、政策宣讲，给广大群众普及 5G，比如 5G 辐射大不大、5G 终端价格走势、5G 网络在国际上的影响力等等，让人们更加了解 5G。

我曾多次作为专业讲师、外聘讲师、公益讲师，在全国各地开展宣讲工作。为中国浦东干部学院上海市领导干部改革开放再出发专题研讨班，中国大连高级经理学院，全国政协培训班，政协委员讲堂授课，展望中国 5G 通信技术与应用的优势和前景，在数字中国建设峰会发表“5G 推动数字经济”演讲，在全球移动通信大会论坛用英文讲述 5G 消息技术发展与应用，在江西、河南、重庆、南京、大连等地，围绕 5G 新基建、数字经济，开展各种授课数十次，还在全国政协为青少年组织的“呵护少年，传承红色文化”活动中，为北京小学师生代表作“高举队旗跟党走，红色基因代代传”的主题讲座，讲座内容从 1881 年清政府建成津沪电报线，讲到香山专用电话局的设立，再讲到智慧生活终端、数据治理。为此，我被评选为 2021 年国资委 100 位优秀讲师之一。

这期间，面对不同受众群体，内容传播更讲创新性，不仅要实现融合传播，还要充分考虑内容的专业性和深度性，在内容传递的信息、表达的方式、呈现的形式上是否能真正满足受众对内容的需求。应该说，利用新媒体的力量，我把委员履职和本职工作做到了深度结合，今后，我将继续在新媒体上发力，提高履职实效。

从无措到从容——特邀委员记者历练过程

| 杜明燕 | 全国政协委员、内蒙古呼伦贝尔市文化旅游广电局副局长

在我们的印象中，以往两会期间，媒体记者一般是政协委员的两倍，从人民大会堂的东门开始，到驻地宾馆，一直处于被记者围追堵截的状态。但从2020年的全国政协十三届三次会议开始，这个世界因疫情改变了很多，能跟会的记者骤减。《人民政协报》创新性地邀请了部分委员担任特邀委员记者，这是一个完全陌生的领域，顿时让我慌张无措起来，不知道该做什么、怎么做了。好吧，那就一点点地学习。

来北京时，肩上就扛着内蒙古日报社给准备好的背景板，手里拿着内蒙古电视台给准备的三脚架、自拍杆。手机里下载了TVU、咔咔采编新机、快手等不同的App软件，以备连线或直播用。

高铁上第一次拿起相机，拍了哈斯塔娜委员修改提案的图片，当天就被《人民政协报》采用了，这是一个开门红，不仅提升了信心，也为后面的委员记者工作奠定了基础。在内蒙古，每位乌兰牧骑队员都是“一专多能”的高手，下基层演出时，一般8个人就能演出一台节目，每个人都是吹拉弹唱舞的一身功夫。记得2017年11月21日，习近平总书记给苏尼特右旗乌兰牧骑队员们回信时，称赞乌兰牧骑是“全国文艺战线的一面旗帜”，勉励他们要“扎根生活沃土，服务牧民群众”，“永远做草原上的红色文艺轻骑兵”。作为委员，我也要继承和弘扬乌兰牧骑精神，做一个“一专多能”的多面手。

手里拿着手机对着小组发言的委员拍摄，实际上耳机里有媒体的编导

在现场指导。“居中、居中，人要居中”“手不要抖，再坚持几秒钟”，“不要拉动镜头，把茶杯挪一下”“再拍一下委员证”……在后方资深编导的遥控指挥下，我在逐步学习如何做一个合格的现场记者。有时候不知道需要重来几遍，录的效果不好，还要跑到委员的房间去重新拍摄，但最后看着电视上一条条成品新闻，感觉自己也很有成就感。

记得第一次当《人民政协报》的“委员出镜”栏目的自拍主持人时，由于紧张，一口大糙子味儿的土话立刻蹦出来了，还不连贯。看到镜头里的我，大儿子评论说“妈妈的声音好难听呀，咋结巴啦？”而第一次走进快手直播间就很放松了，以聊天的形式，介绍了我的家乡呼伦贝尔，本以为没有多少观众，没想到人气还蛮旺的，短短 38 分钟直播就获得了 12 万人的关注和 26.7 万人的观看量。

当全国政协十三届四次会议时，第二次成为特邀委员记者，觉得政协委员都是学习型的委员，自己已经完全适应了，我居然会找新闻啦，拍照会找角度，更能自发地组织委员们拍片子，所以每次都能给对应的媒体传很多美图供选择。抓拍图片相对要容易一些，因为都是委员的身边事儿，记录下来成为凝固的瞬间。虽然技术还有瑕疵，但要学习、学习、再学习，不仅学习怎样做好记者，更要学习提升政治把握能力、调查研究能力、联系群众能力、合作共事能力，更好地做一名懂政协、会协商、善议政的好委员。

当然也有遗憾，因为所有美美的镜头里都没有我，我是那个拍照的！不对，我采访的过程也会被别人拍到。那一瞬间我想到了卞之琳的诗“你站在桥上看风景，看风景的人在楼上看你”，觉得特别贴切。人在看风景的同时，也可能在自觉与不自觉间点缀了风景。也就是说，我们自己在努力做事的同时，也会在一定程度上带动和影响周围的人。

2021 年全国政协设立了委员优秀履职奖，当白岩松和海霞两位委员宣读颁奖词时，会场经久不息的掌声是委员们对优秀履职委员的敬意，我们都被深深感动。特别是扎根雪域高原的青稞王子尼玛扎西已因车祸永远离开了我们，于是我写了一篇随笔《没想到他的名字已经被黑框圈起来》，被《人民政协报》采用，随后被《人民日报》转载。

今年有好多委员因为奋战在疫情防控第一线而缺席了十三届全国政协的最后一次会议，我们住内蒙古的咏梅委员也是其中之一，她作为临床一线心脑内科的主任医师，24小时以医院为家。一篇《特殊的履职方式》发表在3月4日大会开幕当天的《人民政协报》上。3月5日下午，习近平总书记到内蒙古代表团审议时，重点强调了“民族团结是我国各族人民的生命线，中华民族共同体意识是民族团结之本”。经过两天的小组讨论，《爱我中华——少数民族界委员热议习近平总书记讲话》刊发在《人民政协报》2022年3月7日第18版上。大会闭幕之际，以一篇《草木蔓发，春山可望》作为结语，以建言永远在线、智慧时刻连线、责任永不断线的委员精神，深刻落实为国履职、为民尽责的情怀，做党的政策的宣传员、思想政治的引领者、界别群众的贴心人。

委员做记者，最大的好处就是完全融入，随手都能抓拍到精彩的镜头。以往可能只关注自己要发言、要提交材料，现在是眼观六路耳听八方，更多地寻求新闻素材。我连续三年担任了特邀委员记者，从第一次的无措到第二次的淡定再到第三次的从容，新闻媒体工作是广博的大词典，感觉我只打开了封面部分，还有很多学习内容，在学习中不断充实、在学习中不断进步。而委员做记者，实际上是多了一份工作任务，委员是主责主业，记者是一种兼职。在统筹兼顾中，既要做个履职尽责的好委员，每天忙碌地参加大会、小组讨论、写发言稿、接受媒体采访；又要抽出时间，做个勤奋的记者，采访委员、记录精彩瞬间、直播小组发言。无论是做委员，还是做记者，都有一种责任在肩的使命感。当然也是一分耕耘一分收获，每一滴的汗水都会换来一种成就，每当看到自己的文字、图片、视频出现在各媒体时，那是一种无以言表的累并快乐着的满足感和收获感。

对于记者工作，以前是用羡慕的眼光看这些“无冕之王”，可当自己真正参与到新闻媒体工作时，才理解了其中的艰辛和不易，特别是与被采访人的沟通、吃不上饭也得把画面采完、熬夜也要把稿子赶出来……现在更多是对记者们的钦佩，正是这些媒体人的无私奉献，才会让人们接收到这么多的资讯。全国政协民族和宗教委员会副主任罗黎明委员说，你是我们少数民族界别自己培养出来的委员记者。当然最感谢的是各位委员的无条件支持和信任。

新媒体，是政协委员履职尽责的新平台

| 郭媛媛 | 全国政协委员、首都经济贸易大学文化与传播学院副院长

2022 年全国两会开幕前，有数位媒体记者采访，询问关于我作为政协委员履职过程中如何把握好政协委员站位，更好发挥委员作用，更好履行委员职责的问题。

从 10 多年前成为基层政协委员的第一天起，到 2018 年成为全国政协委员，我对政协委员的使命、职责的认识，首先就是全身心参与、融入、积极主动作为并不断成长。在全国政协履职四年多的时间里，这些认识和努力表现在行动中，就是着意于国家发展的大局和人民需要，基于自己的专业背景，深入调研、思考，并努力高质量建言、提交提案；只要有时间就积极参加政协各种活动，包括全国政协委员读书活动，连续两年荣获年度读书积极分子，连续四期担任“国学”读书群群主，在领学、导读、学习、讨论过程中，自己也写下了 20 多万字的发言文字、读书笔记；向每一位委员学习，通过互动，通过主动求教，通过用心、用情感受、体悟，去提升、成长自己……当然不止这些，委员履职尽责，还包括比如本篇文章开宗明义提到的接受媒体采访。在需要、必要的时候，不能停留在个人性格的是否低调、内敛，而要作为政协委员去积极发声建言，比如在 2020 年新冠肺炎疫情暴发后，政协委员有责任通过各种可能的渠道，向社会传递正能量……

从社会功能的角度上说，政协委员不能仅仅是他自己的存在并待在个人的舒适圈里，委员需要有为国、为民的高站位、远视角；要能代表界别群众，在国家政治舞台上，有专业背景支持地发声建言；要在事关国家发展、

人民利益的关键时刻，敢于发声，精准建言，体现国家的站位、人民的立场。而在新媒体如此盛行的当下，如何用好新媒体传播政协和委员好声音，也是委员价值实现的基本要求和新的路径。

因为疫情防控等大环境的特殊需要，2020年起人民政协报特邀委员记者栏目，让政协全会期间及平时政协活动期间的新闻得以即时记录、报道，委员声音、政协故事能够第一时间播发。三年来，疫情反复不断，这种报道形式已经成为常态。作为特邀委员记者队伍中的一员，我也参与其中，一方面在政协活动的各个场合中，为媒体记录下第一现场；另一方面，围绕国家大政方针和发展需要，我也锻炼着运用好新媒体，及时传达作为政协委员的认识、感受。

除了在政协全会期间接受采访以外，我曾经接受人民政协网的邀请，围绕《长津湖》《鱿鱼游戏》等影视剧的热播，谈了自己的认识和体会。主题采访被做成了新媒体产品在网络上发布。我对这次经历印象格外深刻。这一方面是基于传媒学者专业观察的兴趣，与作为主流媒体的人民政协报开展的融媒体实践有亲身接触，所以及时感知到行业发展的趋势与状态；另一方面因为自己的性格，在工作规定之外，其实不太愿意在网络上过多曝光，但是这些不在自己规定、习惯路径的新媒体经历，让我产生了一些延伸的思考。当新媒体已经成为中国社会更多人日常信息的传受平台、工具的时候，政协委员要不要更多触媒、用媒?

思考的答案是肯定的。作为同样生活、工作在新媒体盛行时代的人，不会、不懂用好新媒体，是生存技能的欠缺；而作为社会上具有公共、政治职能的政协委员，不触媒、用媒，就等于放弃了表达、实现其社会功能、价值的重要平台和场合。

政协委员具备较强的社会功能与社会责任，应以身为媒，更多、更好地参与主流文化建设、传播工作。新媒体时代，政协委员应该用好自己的政治身份和专业技能，让新媒体成为履职尽责的新渠道、新平台！

用好网络新媒体，讲好中医药故事

| 曹洪欣 | 第十一、十二届全国政协委员，国家非物质文化遗产（中医生命与疾病认知方法）传承人、中国中医科学院原院长

中医药是中华民族的伟大创造，其维护生命、养生保健与防病治病的理论与实践，为中华民族的繁衍昌盛作出了重要贡献，对世界文明也产生了深远影响。几千年来中医防治疫病有着丰富的历史积淀，特别是在新冠肺炎疫情防控方面，中医药发挥了重要作用。正如习近平总书记指出："中西医结合、中西药并用是这次疫情防控的一大特点，也是中医药传承精华、守正创新的生动实践。"随着疫情防控、健康中国建设不断深化，如何用好网络新媒体，讲好中医药故事，服务民众生命健康与防病治病？这里我谈几点想法。

一、网络新媒体是传播中医药知识的重要载体，对讲好中医药故事发挥重要作用。

网络新媒体的迅猛发展和普及应用，为人们提供了一种快捷、便利的获取信息、沟通交流的方式。以网络新媒体为载体传播中医药文化与知识，是适应时代发展和社会需求的必然选择，也是讲好中医药故事、提高中医药素养的有效途径。近年来，特别是在新冠肺炎疫情防治中，网络新媒体在传播中医药防治疫病知识、指导疫病防治等方面发挥了积极作用，如通过微医华佗云构建中医药国际抗疫平台，通过互联网建立国际中医抗疫大讲堂等，对讲好中医抗疫理论与实践故事、推进中医药防治疫病发挥了积极作用。

二、网络新媒体是提高民众中医药素养的有效途径，对发挥中医药养生保健、防病治病优势具有不可替代的作用。

运用视频网站及其他推广平台等丰富多样的网络新媒体讲述中医药故事是民众喜闻乐见的一种形式，能够使民众在潜移默化中感受中医药的魅力，了解中医药养生保健、防病治病知识，不断提高中医药素养，形成人人是健康第一责任人的使命与担当，从而实现不得病、少得病、晚得病、不得大病的目的，有效提高人们生命质量并延年益寿，“尽终其天年，度百岁乃去”。

三、利用网络新媒体讲好中医药故事应注意的几个问题。

一是把握正确的专业传播导向。互联网世界错综复杂，信息真伪并存，讲好中医药故事既是对民众负责，也是对中医药事业负责，更是对国家与社会负责。因此，中医药人在传播过程中必须具备高度的专业素养，树立正确的传播理念，把握正确的传播导向，坚持以人与生命为中心，以需求为导向，以生命至上、人民至上、健康至上为使命，科学、严谨、务实传播中医药文化与知识。

二是专业知识条件的基本要求。讲中医药故事的专业人员，要对中医药信念坚定，真正把握中医药理论与实践的精髓，科学认识并深入理解中医药的作用，以实际行动积极传播中医药在养生、保健、防病治病等方面的优势作用。注重激励高年资临床经验丰富的名中医参与讲好中医故事，整体提高中医药专业能力与水平，满足民众对中医药服务的需求。

三是讲好中医药故事要避免两种倾向。科学客观地认识中医药是讲好中医药故事、有效传播中医药知识的前提。一要谨防在不了解中医药作用与特点的情况下，全盘否定中医药，这种情况违反了《中华人民共和国中医药法》，同时在某种程度也是一种文化自信缺失的表现。二要注意不能神化中医药，夸大其词、漫无边际、违背中医药规律的虚假宣传，不仅不利于讲好中医药故事，而且严重影响中医药的传播与发展。

四是从以疾病为中心向以健康为中心、以生命为中心转变。适应时代发展需求，利用网络新媒体讲好中医故事，要注重从动态生命观、整体平衡观、辨证论治的个体化诊疗与丰富多彩的养生保健、防病治病方法的文化与知识传播为主体，着力于服务民众生命、健康与疾病防治的需求，对推进健康中国建设、构建人类卫生健康共同体发挥积极作用。

新媒体时代，创新政协新闻宣传工作

| 王润泽 | 北京市政协委员、中国人民大学新闻学院副院长

新媒体时代，政协所属媒体如何更好地行使自己的责任——成为凝聚共识的平台，关于这个题目有几个关键词要聚焦。第一个关键词是媒体向深度融合，第二个关键词是人民政协的新方位新使命，第三个关键词是政协的新媒体。

讲到媒体向深度融合发展，大量传统媒体工作人员面临压力。我们学院曾经在全国范围内做了省级、市级、县级的融媒体调研，调研过程中，实事求是地讲，大家对于融媒体发展的路径，在开始的时候还有很多疑虑。我们去东北地区调研的时候，发现对于未来的融媒体发展路径到底如何执行展开，很多人还没有一个很好的思路，很多领导还是希望吃财政饭，让财政拨款，他们面临的压力非常大。不少传统媒体是在国家推进融媒体发展的大背景下，被推着往前走的。

媒体向深度融合，提出这样一个概念到底指向什么？分解的内容是什么？实操过程如何展开？很多学者都有自己的理解，大家的提法不一样，实际上我们最终的目标路径是一样的，就是最后它在形态上一定是一个全媒体。

刚开始的时候我们提媒体融合发展，它主要是在媒体内部进行融合，也就是办报纸的办个网站，然后再借助一些发布渠道和平台，拓展影响，表现在媒体形态之间的融合，那么当前媒体融合向深度发展的提法，核心和关键就是媒体融社会。媒体和社会融合得有多好，融得有多专业，融得

有多深入，媒体融合向深度发展就有多成功。媒体融社会，我们首先要理解的就是媒介融社会，社会是什么？也就是说，我们讲媒体向深度融合的时候，其经历的过程是从媒体内部的融合到媒体之间的融合，再到媒体作为一个平台介质到相关社会领域行业的融合（媒介融合）。从融媒体到融社会，实际上追问的是媒体所能够触及的、或者所能够关切到、开发到的社会层面到底在哪里？深度在哪里？边界在哪里？你最能够开发的和社会相联系的那些传统的行业、传统的产业和传统社会分层在哪里？阶层在哪里？所以融媒体到媒体深度融合的这样一个发展的最终指向，实际上就是媒体最后是否能够成为一个全新的平台，或者叫产业，或者叫别的什么，但是它绝对不是我们原来的媒体了。它是全新的一个行业，实际上行业这个词也不是特别准确，但是它是全新的，从形态到内容到产品，完全全新的一个世界。

这个社会不是全社会去融。全社会去融，就让超级平台来做这个事情吧，只有这样一个大的平台，在做这方面的尝试。

放到历史长时间的维度来考量的话，我们发现媒体融合实际上并不是最近才出现的一个现象，实际上它出现很长时间了。

媒介融合实际上一般都是从技术层面引发的，是技术的发展推动了传统媒体的融合，然后再往前发展，有的时候是有融媒体新的产品出现，有的时候是组织结构的一种融合创新。如果组织结构的融合创新固定下来的话，实际上这个产业未来的发展方向、它的内容和它的想象空间就已经固化了，当组织结构还在变化当中，未来，你创新的引领性还继续保持着。所以我有时候跟传统媒体朋友说，现在如果还是拿着传统媒体的组织结构，在整个行业组织方面就落伍了。如果有新的产品，或者一种新的方向性的引领的话，就不应该先有一个固化的组织结构来引领一个产品的创新，应该像字节跳动那样，把组织结构放在一个变化的过程中，不要先给固化，他们创新部门的办公室，是没有固定座位的，而且他们的机构也不是说像我们现在有总编室、国内部、国际部、经济部什么的，它没有一个固定的部门，它在机构设置上是流动的，而且在不断尝试、不断创新。

然后是产品形态的融合创新，最后是媒介功能的融合创新，观念的融合创新。

媒介融合并不是最近几年才出现的新现象。如果从中国有近代媒体开始算起，也就是 1815 年报纸开始出现的时候，到现在也就 200 多年的历史，200 多年的历史实际上我们中国的媒体，包括世界的媒体已经发生过很多次的媒介融合。我们今天面临的困境，感觉到的新问题，似乎很难看到方向，实际上历史已经给我们了一些启发。中国有千年以上新闻历史，媒体经验十分丰富。我们中国古老的媒体邸报（即古代的官报）在传统媒体某些新闻栏目里面依然还有其影子，从内容到它的功能，都特别相似。主要的核心内容就是政治新闻和政府动态，读者为各级官员。清末新式媒体出现的时候，实际上媒体已经开始进行比较大的融合，只是这种融合的发生在西方媒体形态内容功能和中国古代报纸之间，我们古代官方报纸只有政治新闻，后来又有了一点点的社会新闻，之后呢，在西方媒体的影响下，中国近代报刊上也开始有了图片新闻，有了评论，还有了广告……就这样一点一点新媒体的世界被构建起来。当近代报纸这种形态被构建出来的时候，当四大报纸内容要素（即新闻、评论、图片、广告）出现的时候，我们说近代的媒体诞生了。当时用了五六十年的时间才把新式的媒体——中国近代的报纸形态内容固定下来。今天我们的媒介向深入融合，未来全媒体的东西，也要经过一段时间之后才能够出现，最后它产生的一定是一个新的世界。

第二个关键词就是人民政协的新方位和新使命。“推动人民政协这一具有中国特色的制度安排更加成熟定型，发挥好专门协商机构的作用”是习近平总书记对人民政协工作的新要求，是新时代人民政协的新方位、新使命。理解好这句话，是在新时代做好人民政协各项工作的前提。而推动制度安排“更加成熟更加定型”，把“专门协商机构”的作用发挥好，就要开展广泛、多层、制度化的协商，最大限度地凝聚智慧和力量来实现新时代的目标任务。政协的新方位、新使命对我们政务新媒体融合发展也有很好的指导作用，多做凝聚共识、化解矛盾、理顺情绪、增进团结的工作，人民政协的制度优势就可以更好地转化为社会治理的效能。

第三个关键词是政协新媒体的创新路径。我总结了五点，第一，原则是突出特色，有所为，有所不为。媒体向深度融合的过程中，我们做省市区县融媒体调研的过程中发现区县融媒体功能太强，不能说强大，是太细致了，什么都在它的融媒体中，这种路径不适合我们政协新媒体的发展。政协有自己的特色，有内容的优势、人员的优势，要做什么，不做什么，各级政协应该根据自己的定位来确定。中央一级的和省一级、市一级、区县级的肯定是不一样的，不能一刀切，应该因地制宜，有一个自我定位。第二，在形态上构建新媒体的矩阵，以及矩阵之间的联系，这方面已经做得比较成熟了。发展一种新的形态，好像空间不是特别大了。比较多的可能是矩阵之间的联系，看看有没有联动的机制，能够让矩阵之间也能够共振起来，现在这种有机共振我个人感觉比较少。第三，内容方面，个人感觉有非常多的创新空间。从传统媒体到新媒体的过渡过程中，内容的创新又回到了做好单品的时代。原来我们说做好品牌，比如说《人民日报》一个品牌出来之后，报纸上平台上的东西都是这个品牌之下的产品，现在不是这样子了。不是品牌引领着单品，也许未来的发展可能还会有进一步的创新路径，但是在现在还是单品的阶段，要多出一些优秀的单品，政协资源非常丰富，大家要进行深入地挖掘。第四，创新形式和文风，尝试符合政协身份和定位的文体与表达风格。政协新媒体要创新形式和文风，把我们看得见的过程用自媒体和新媒体方式表达出来，希望更多这样的作品在自媒体中能够大放光芒。第五，我们从历史的角度看，媒体多贴近人民群众，就有多成功。人民性、群众性放到这个场合，大家会觉得就是一个口号，就是一个符号，但是在实践过程当中，人民和群众是活生生的，是非常有生命力的。我们把眼光放长远。200 多年以来，当近代的媒体，它的内容不再是皇帝的命令、皇帝的起居录，而是有普通老百姓的生活的时候，这个媒体传播力和影响力就大大增加了。

抖音、快手这样的平台，实际上也是把大家的目光放到基层群众。政协的新媒体也要在这方面发挥更大的作用，每一位政协委员都是人民的一分子，把更多各行各业当中优秀的政协委员的故事、履职的故事挖掘出来，用符合政协的形式表现出来，这可能都是我们未来创新的可以实践的一些点。

最后是功能的创新，当内容的创新、形式的创新、组织的创新都达到了比较统一和谐的程度的时候，融媒体新的功能就一定会诞生。它一定不再是以前的一个信息发布的平台，一个政务发布的平台，它一定会有更新的功能的尝试。

拥抱新媒体，传播“政”能量

| 曹志伟 | 广州市政协常委、广东省新的社会阶层人士联合会副会长
兼网络新媒体分会会长

我作为一名基层政协委员，在传递“政”能量，传播好声音的实践体会有三方面经验：

第一，政协委员不仅要善于写提案，更要懂媒体宣传。

提案的影响，与媒体的鼓与呼密不可分。每年两会前我都会与新闻媒体开通报会，通报我过去一年履职成果和新一年调研课题及两会期间的发言主题。2013 年，我用自身积累的 24 年城建工作经验，绘制了反映企业办事难的《万里审批图》，当中罗列了企业办理一个投资项目从立项开始，审批要跑 20 个委办局，53 个处室（中心、站），办 100 项审批事项，盖 108 个章，历时 799 个审批工作日的“万里长征”经历。经过 8 年持续改革，广州投资项目行政审批由原来的 799 个工作日的“万里长征”缩短到现在最快只要 50 天。而此图之所以能够进入公众的视野，从而引起上层重视，最终引发了中国行政审批制度改革，这都离不开媒体的报道，《人民政协报》正是当年第一个针对《万里审批图》进行报道的中央媒体。不仅如此，从 2013 年起，《人民政协报》一直持续关注、持续报道《万里审批图》的改革进程，派出时任人民政协报社新闻研究部主任秦志勇从 1.0 改革版跟进到现在使用的 4.0 改革版。2020 年 12 月 30 日，《人民政协报》头版与 3 版全版以“穿石的水滴”为题，报道了我绘制的《万里审批图》，并不断提出优化建议，持续推动投资项目行政审批制度改革的历程，人民政协网同步

第一时间进行网络报道。随后人民网、中国网、中国新闻网、中国青年网、《中国日报》等多家中央媒体转载，在海外广泛传播。可以说，《万里审批图》所取得的改革成果与人民政协报（网）一直的鼓与呼是分不开的。

第二，政协委员不仅要调研，更要做到线上线下相结合。

持续深入调研是委员履职工作的重要一环。曹志伟委员工作室是我作为政协委员个人组建的工作室，2014 年“广州市政协常委曹志伟工作室”微博正式上线，广州市政协全套班子成员为曹志伟委员工作室揭牌，人民政协报（网）等多家媒体对此都进行了报道。在网络日益发达的今天，曹志伟委员工作室通过网络线上调查收集情况和实地走访核实及座谈协商结合的方式展开深度调研。通过委员工作室的支持，自从实行委员履职考评以来，我连续 9 年履职考评第一名。委员工作室通过新浪微博、博客、微信等网络社交媒体收集百姓遇到的难题和诉求，积累提案素材，通过网络调研补充了解全面数据，进行大数据分析，为提案建议提供重要支撑；同时，结合实地走访核实情况，通过专题协商座谈会听取专家及政府部门意见。我根据自身履职实际举三个案例：

案例一：2014 年 8 月，根据网络调查，以个人亲身经历为例，我就驾驶证管理改革向时任公安部部长郭声琨提出书面建议，希望简化驾驶证办理及年审流程，并转变服务意识。次月，公安部将我的建议转发给全国各地交警部门研究后，启动便民措施的改革。

案例二：2014 年，为切实了解广州市地铁运营状况和国内外的地铁情况，曹志伟委员工作室同广州市政协城建委北上杭州、上海、北京，南下香港、深圳，远赴墨尔本等城市学习交流；此外，工作室与地铁公司协商后在广州地铁展开乘客问卷调查，实地勘察广州地铁每条线路、每个站点的实际情况，了解市民对地铁存在的问题及看法。整个调研过程前后历时 9 个月，搜集整理了 3000 多条数据和 2 万多位市民意见。该提案一经提出便得到市委、市政府重视，被列为2015年广州政协第一重点督办提案，建议被纳入广州轨道产业发展规划，同时推动全国的地铁建设审批流程的改革。

案例三：2020年，通过网上问卷调查和到各地市走访，了解了网络人士发展状况及其存在的困难，为《广东省网络人士统战工作现状、问题和发展态势研究》调研报告提供了网络人士的重要画像参考，该调研报告获广东省委统战部和中央统战部领导批示和认可。

第三，政协委员不仅要在政协会议上积极发言，还要善于运用多平台开展正面宣传。

除了政协委员之外，我也是广东省新的社会阶层人士联合会副会长及网络新媒体分会会长，同时也是香港科技大学EMBA校友会的主席，针对如何做好新的社会阶层人士尤其是网络人士、港澳台青年及归国留学生的统战联谊工作，我也深感意义重大。2020年12月在广州举办全球直播的港科大校友会年会引起了全球校友的关注，体现了中国政府对疫情防控的能力。疫情防控期间，我调动广东省新阶联网络新媒体分会专业人士积极性，出资担任出品人，联合分会骨干艺术家会员用情用心创作抗疫宣传歌曲《我们同在》，该歌曲作为广东省抗疫宣传的重要作品，被省委统战部推送到学习强国平台首发，并被中央统战部统战新语采用，成为第一批抗疫歌曲。2020年3月18日我了解到香港科技大学学生会在《科大学生会就全球抗疫之声明》中使用“中国肺炎”等侮辱性分裂言论，及时向校方负责人反映情况，19日香港科技大学史维校长及时向全校发信批评和纠正学生会的言论，引导大家“理性思考，用善意共情”，消除该事件的不良影响。可见，在多个平台上政协委员都可以传播“政”能量。

构建智慧全媒体传播生态

| 胡正荣 | 中国电视艺术家协会副主席、中国社会科学院新闻与传播研究所所长

全国政协全会期间有一个委员通道，2021年的委员通道一共三场，主题是“聚焦十四五，启航新征程”。仅一个委员通道，全国3400多家媒体进行了报道，相关的新闻信息达到6万多条，累计传播量达到15亿次，其中在去年委员通道里面最亮眼的委员之一就是江苏省锡山高级中学的校长——唐江澎，他就教育真谛问题作了回答，一下子上了热搜的顶端，委员通道传播量一共是15亿次，他的话题达到了5亿次，抖音的点赞量是2000万，贡献了传播量的1/3。

其实，媒体融合特别是对于主流媒体来说，现在已经是不可阻挡的势头。对于媒体融合，我们国内也是经过了一个阶段又一个阶段的进化，如果把“十三五”时期的媒体融合称为1.0版本的话，“十四五”时期的媒体融合应该是升级到2.0版。2020年6月30日，中央全面深化改革委员会第十四次会议审议通过了《关于加快推进媒体深度融合发展的指导意见》，9月26日，中共中央办公厅、国务院办公厅印发了这个文件，文件给出了“十四五”期间整个媒体融合发展的清晰思路。我这里梳理出来这个文件的几个要点，其中一个明确的要求是：时间加快，空间纵深，这两个有非常清晰的思路，两年干什么，三年干什么，文件已经明确说了，时间表已经列出来了。同时把纵深要求也说了，以及如何形成从中央到县级的一套体系。还有两个抓手，一个抓手是体制机制，一个抓手是全媒体人才培养。全媒

体发展离不开体制保障，离不开人才的支撑。还要实现三个任务，第一个是打造新型主流媒体，我们《人民政协报》、人民政协网就是一个新型主流媒体；第二个是构建主流舆论格局，网上网下、内宣外宣联动；第三个是建立全媒体传播体系，其中内容是根本，技术是支撑，管理是保障，管理里面涉及人、体制和机制。

最后，要实现四个目标，中央现在对媒体要求是四个词，16 个字，可以归为两类，舆论引导和思想引领，都叫引导；文化传承和服务人民，都叫服务。我们政协这两年为什么宣传的声量越来越大，因为政协媒体、政协委员服务国家的资政，又服务人民百姓。我们的声音得让别人知道，我们的建议也得让别人知道，服务功能上去了，引领作用才能出来，这个逻辑关系千万别倒过来。

中央文件有几个全新表述，如主力军挺进主战场，我们做宣传的主战场是哪儿？是互联网。移动端是主渠道，互联网是主阵地，这已经是定论性的表述。2020 年 10 月，党的十九届五中全会公报，明确提到了有关媒体发展的四句话。第一，推进媒体深度融合。第二，实施全媒体传播工程。第三，做强新型主流媒体。第四，建强用好县级融媒体中心。而在《中共中央关于制定国民经济和社会发展第十四个五年规划和二〇三五年远景目标的建议》里面，第十篇专门有媒体融合的相关表述，已经把跟媒体发展相关的政策说得非常清晰了。不过，到目前为止，还有人混淆理解和使用媒体融合和全媒体这两个概念。目前我们做的工作是媒体融合，媒体融合是一个手段，它建设成功的是全媒体，要实现的目的是全媒体。媒体融合是个过程，这个过程结束时建成的就是全媒体，即将主力军放到主阵地和主战场上去。

对于地方媒体和垂直媒体，它的功能和使命也不一样。地方媒体就是省级媒体、地市媒体、县级媒体，它们要扮演区域的智慧型的治理平台角色。而政协、教育类媒体都属于垂直媒体，这种垂直媒体就要扮演一个行业、一个领域里面很重要的智慧治理平台。媒体要发挥作用，这也是中央文件里面提出的四个要求：新闻要出去，政务要上去，服务要上去，对很多媒体来说，商务也要上去。

2020年《关于加快推进媒体深度融合发展的意见》中提出，要发挥市场机制作用，增强主流媒体的市场竞争意识和能力，探索建立“新闻+政务服务商务”的运营模式，创新媒体投融资政策，增强自我造血机能。第一次把商务跟媒体放一起，这本身就是历史的进步，也是创新。

对于中央2020年提出来媒体融合2.0版的要求来说，实际上建立一个智慧全媒体的平台任务很艰巨。到目前为止，已经取得了很大成绩，但实际上还有很多工作没有做到位。简单来说可能是我们要理清一个思路，第一，要对融媒体的平台是什么有一个非常清晰的定位，它已经不是实现简单的媒体宣传功能。第二，作为融媒体的一套体系，技术平台是硬件，内容和服务是软件，这两个关键要素如何打通，可能也是现在要解决的问题。第三，对媒体来说运营团队最缺的，是如何把社会资源汇聚过来，主流媒体缺的是如何把资源盘活，我们很多问题出在这。

媒体融合的任务有四个方面：第一，提供各种各样的内容满足老百姓的公共服务。第二，完成自己的政治使命，就是你的政务。第三，提供老百姓除了内容之外的其他的一些服务。第四，商务服务体系。

一套智慧的全媒体，按照媒体融合的规律，就是要把所有的资源云端化，所有的内容垂直化，所有的服务场景化，所有的业态智慧化，知道用户在哪，然后智能匹配需求。这个说起来很容易，做起来难，它要有技术系统、内容系统跟市场用户去对接。按照中央的要求和“十四五”规划纲要内容来说，融媒体建设这条道路还需要坚定地走下去。

政府公共社交传播和政务服务进入新时代

| 李峥嵘 | 新浪微博政务总经理

微博诞生的这12年里面，我们不仅在微博上见证了中国这些年的变化，也见证了各级政府机构、公职人员，当然也包括政协委员在履职过程中对于新媒体的应用如何反过来反哺这个平台，让这个舆论场有全新的格局和影响力。以微博为代表的社交媒体平台，其成长与每一位平台用户密不可分。

2021年全国两会数据有一个特别好的表现，新增的所有话题阅读量是486亿，视频总播放量82亿，互动量将近1个亿，两会相关的热搜上榜400多个，这是微博上超过300万个账号通过参与两会期间的内容创作、分享、传播完成的。这一数据结果是基于社会化的内容生产，社会化的内容分工，社会化的内容分享，这是社会化媒体的底色。这里面既包含参加会议的政协委员，更有人民日报、央视新闻等中央媒体、各地都市媒体，还有最高人民法院、最高人民检察院这样的权威政府机构，以及我们每一个普通的网友，我们在微博上共同参与、见证了这样一场最重要的盛会。据不完全统计，2021年全国两会期间和政协相关的微博条数是107万。

目前，微博的内容生态构成包括：经过认证的3.7万个媒体账号，17.7万个政府机构账号，头部作者100万人，企业130万家，130万包含国内知名民营企业、中小企业、世界500强企业。微博月活跃用户数2.24亿，40岁以下的用户占比超过96%，这部分群体既是商业消费的主要群体，也是最活跃、最广泛参与到社会公共议题的群体。政府机构的分布，包括公检法、团委、宣传、卫健、各级党委组织以及司法部门。微博上涉及政协的情况，2020 年发布的微博条数是 4.4 万条，获得了 1 个亿的阅读量，被转发 1.8 万次，博文被评论量 1 万次。微博是支持文字、图片、短视频直播、长视频等多媒体的平台，所以说从讲好中国故事、讲好政协故事来讲，多媒体的平台能够起到非常重要的作用。

微博上的媒体账号现在已经成为最主要的新闻宣传和舆论的引导力量，我们的服务宗旨是提升主流媒体的传播力、引导力、影响力、公信力，让主旋律更响亮，正能量传播更有穿透力。目前的 3.7 万个媒体微博，它的粉丝总量达到 103 亿，日均阅读量 50 亿，日均视频播放量达到了 8 个亿。这里面有代表性的，中央媒体有两个账号，一个是人民日报，一个是央视新闻，它们各自粉丝量已经过亿了。人民日报通过在微博上的积累，现在 1.28 亿粉丝里面，80 后、90 后占到了九成。可以说基于微博，人民日报再造了一个媒体，通过它打通了两个舆论场，一个是民间舆论场，一个是政府舆论场。打通过程当中使得我们国家的重大决策、政策达到最快速、最广域的覆盖。而央视新闻粉丝过亿，同时它已经在整个全台开通了将近 400 个微博账号，粉丝总数超过了 3 个亿。

微博上的政府机构已经成为政务公开、舆论引导、践行网络群众路线的重要阵地，17.74 万个政务账号里面包含了 13 万个机构账号，还有 4 万个公职人员账号，粉丝总量 31 亿，2020 年发博量是 8000 万，被阅读总量是 4600 亿。

目前在微博上形成了一个政务微博和媒体微博高度融合的正能量舆论场。一个很典型的例子，庆祝中华人民共和国成立 70 周年，央视新闻在微博上和电视台同步微博直播，整个话题总阅读量超过 100 亿，国庆阅兵在微博上进行了 70 小时超长直播。媒体用专业的视角去做整个直播，我们看到政务微博和个人用户都参与到这一场盛事的传播当中，所以说在微博上每一个现象级的传播的完成，都是多领域、全领域集结共同完成的。

政务微博的出现，标志着政府机构从借助传统媒体发声到直接进入舆论场，它开启了政府公共社交的传播和服务的新时代。这个背后有几个观点出现，首先，政府机构自己在平台上有了更积极、更主动的话语权，所有政府机构拥有最权威最一手的信源，话语权决定了主导权。政务公开的时效性决定了舆论引导的有效性，政务公开的透明度，决定了在群众心中的公信力，公信度最终决定了政府机构的影响力。最后，很多政务机构在微博上及时跟网民互动，这种服务力反过来又决定了政府机构内容的传播力。

政务新媒体的本质是什么？是不是开一个微博账号、微信账号就可以了？发一条文字图片内容，发一条短视频就可以了？我们认为所有政务新媒体的本质在于当你上了网以后，老百姓就对你有了期待。所以说政务新媒体的本质，首先不仅仅是媒体，所有的政务新媒体不管表现形态是什么，是微博、微信、抖音、快手等，我们一定要注意，其具有一定的媒体属性，但是其根本属性不是媒体，是政民互动和为老百姓提供服务，是党委政府走网上群众路线的最佳路径，是公信力建设的窗口。所以，为什么我们现在看到有很多政务新媒体账号发一些特别娱乐、不务正业的内容时会翻车，就在于忘记了政务新媒体的本质。政务新媒体的第一本质是什么？是新媒体上的政府。微博经历了 12 年的发展历程，它已经成为参与社会治理的重要平台。从政务微博 12 年的发展历程中，能够清晰地看到：从微博发布到微博问政，再到微博行政，这 12 年当中，各级政府机构在网上履职能力得到持续提升。

这个过程中有几个转变：第一个是宣传模式的转变，政府机构使用新媒体以后，这个核心不是开了一个账号，而是从本质上转变了政府的话语体系。从我说你听，到我听你说、你诉我应，每一个步骤都看到政府机构在整个新媒体传播格局中，不光角色转变了，话语体系也在转变，这是政民之间不断加深沟通、消除误会、凝聚共识的一个过程。

第二个是观念的转变，政府从俯视到平视，从管理到服务的转变。我们现在都讲要以人民为中心，打造服务型的政府，从这个角度来讲我们看到 12 年的过程中，从中央部委到各级政府真的是在践行理念的转变、观念的转变。

第三个转变是不断优化行政办公流程，在这 12 年中，各级政府不断通过开放的平台收纳民意，不断反过来优化各地政府出台的一些政策。

这么多年应该说平台和 17 万 + 政务微博共同坚守了这样的价值观：第一，坚守权威信息的高效传播。第二，坚守对群众诉求的快速响应，对群众的困难提供最及时、最快速的响应跟帮助。经过 12 年的发展，我们看到在政务公开、回应关切、为民服务、参与社会治理、创新宣传、传统文化传播这些领域，政务微博已经发挥了至关重要的作用。

一个典型的例子——银川，一个西部城市，它已经实现了通过微博进行全行政办公流程公开的城市。在这个平台上，凡是跟老百姓相关的委办局全部开通了微博，问政银川是银川纪委的账号，它是一个超级账号，由它来统领下面的账号。举个简单例子，如果你们家路灯坏了，你发一条微博，@ 一下问政银川，一小时之内一定有人回应你，告诉你这个信息我们收到了，多长时间能够给你解决。500 多个账号形成了公开的政务微博服务矩阵，去年半年内受理的案件达到 8084 件，办结 7586 件。所以你可以理解为基于微博，他们已经构建起政府和老百姓的对话模式，老百姓有表达诉求的通道，也有得到回应的通道。当诉求得到回应以后，这一项跟老百姓相关的民生政策可能就会有改进，改进的结果再通过微博和当地媒体的报道，最大程度地实现公开。

2020 年，超过 4 万个政务微博账号参与到这样一场前所未有的抗疫之中。从部委到每一个基层组织，每一条信息的发布，都是政务的公开和与老百姓的互动，每一条政务微博的背后，都能看到政府在抗疫期间做出的努力和付出。我们从微博中看到的抗疫全景，是全领域的集结，从媒体到各个领域活跃的博主。分布在部委、央企、国企、卫健、疾控、医院、公检法司等部门的 4 万个政务微博全部参与进来。我们看到大的事件爆发的时候，这样一个全领域集结，使得整个事件的传播到影响力得到了最大化的体现。

经过 12 年的发展，政务微博的价值在以下领域被进一步强化。第一，政务微博已经成为应对各类公共安全突发事件的首选公开渠道。第二，我们看到越来越多的政务微博，像问政银川，像最高人民法院，主动发现问题并积极互动，主动服务，打通线上线下，应该说共建、共治、共享的社会治理格局在这样一个平台上进一步得到了体现。第三，政务微博在不断开拓政务新媒体发展的新空间，我们不断迎来新的发声主体，像张文宏医生，外交部新闻发言人赵立坚等，同时大量政务微博也是用短视频、直播的方式继续助力政务公开，它的发声主体更加多元，舆论阵地也更加完整。

典型案例

《人民政协报》2021 年政协工作报道要点综述

2019 年 9 月 20 日，习近平总书记在中央政协工作会议暨庆祝中国人民政治协商会议成立 70 周年大会上强调，把人民政协制度坚持好、把人民政协事业发展好，担负起把党中央决策部署和对人民政协工作要求落实下去、把海内外中华儿女智慧和力量凝聚起来的政治责任，为决胜全面建成小康社会、进而全面建设社会主义现代化强国作出贡献。习近平总书记的重要讲话为新时代人民政协工作提供了根本遵循。

在全国政协十三届四次会议上，全国政协主席汪洋在作全国政协常委会工作报告时对 2021 年政协工作提出要求：以庆祝中国共产党成立 100 周年为重点，强化思想政治引领；以服务“十四五”规划实施为主线，增强协商建言实效；以增进大团结大联合为目标，着力凝聚智慧力量；以推进制度落实为抓手，提高工作成效。

《人民政协报》作为中央主要新闻媒体和中国人民政治协商会议全国委员会的机关报，长期以来，围绕党中央和全国政协部署安排，积极全面做好全国政协和地方各级政协的宣传报道。2021 年，人民政协报策划采写了一批紧扣社会热点关切、彰显政协统战特色的专题栏目，生动反映政协工作和委员风采。

突出党建引领，加强委员学习，提升履职能力

加强政协党的建设是新时代党的建设新的伟大工程的重要组成部分，是发挥人民政协专门协商机构作用的根本保障。十三届全国政协以来，各级政协组织以党的政治建设为统领，推进政协党的各项建设取得积极成效。2021年，人民政协报推出一系列相关报道，反映党建引领下的新时代人民政协新样子。

2021年9月2日至3日，全国各级政协党的建设工作经验交流会在京召开。全国政协办公厅和各专门委员会、各省区市政协和副省级市政协党组负责同志，以及部分基层政协党组负责同志等200余人参加会议，20位同志在大会上作了交流发言。人民政协报9月4日以3个版面刊登党建工作经验交流会代表发言。在会议召开之前，1版开设“党旗引领·共创未来”栏目，营造良好会议氛围，其他版面及时刊登各级政协党建相关报道，全面报道各地政协加强党的建设，以党建促履职，推动政协工作高质量发展的生动实践和鲜活经验。

2021年，恰逢中国共产党成立100周年，全国政协聚焦庆祝中国共产党百年华诞，筑牢共同思想政治基础。在庆祝建党百年之际，人民政协报推出“在习近平总书记的引领下·红色足迹篇”“百年同心路·与委员同访”等两组融媒体系列报道，邀请政协委员与记者同赴具有统战特色的红色纪念地探访，展现在中国共产党的带领下尤其是党的十八大以来革命纪念地发生的巨大改变，讲述中国共产党与各族各界群众、与各党派人士同呼吸、共命运的奋斗历史，进一步增强坚持走中国特色社会主义政治发展道路、不断推进人民政协事业创新发展的自觉性坚定性。

2020年4月23日，全国政协委员读书活动正式启动。这是十三届全国政协贯彻落实习近平总书记关于加强和改进人民政协工作的重要思想的一

项创新举措，是政协委员增长知识、增强本领的重要途径和展示才干、各美其美的重要窗口。两年来，委员读书活动坚持以习近平总书记关于读书学习的重要论述为指导，认真落实全国政协党组和汪洋主席的部署，在探索中前进，在巩固中提高，呈现出委员参与面不断扩大、活动方式不断丰富、地方政协不断跟进的良好态势。

人民政协报及时跟进读书活动相关报道，2021 年 2 月 20 日推出了“读书之后上两会”专栏，分享了广大委员的读书活动收获，回顾履职、展望两会，充分展示读书活动的“溢出效应”。2021 年 4 月起，开设“委员学党史·读书聚共识”专栏，全面报道读书群工作进展及委员导读内容，重点报道中共党史学习、统一战线史学习、人民政协史学习等专题学习，全方位跟进线上线下讨论交流情况。对地方政协举办的各类读书活动，也在第一时间及时报道。

在提升履职能力、推进机关建设方面，人民政协报也及时关注，尤其是围绕 2021 年 7 月，在吉林长春召开的全国地方政协秘书长工作交流座谈会和在宁夏银川召开的全国地方政协提案工作经验交流座谈会，均刊发了会议综述、发言摘登等内容，地方政协的各项创新举措，也都给予充分报道。

围绕年度工作重点和社会关注热点做好宣传报道

2021 年，各级政协围绕党委、政府工作部署，围绕中心服务大局，尤其是在全面贯彻落实乡村振兴战略以及抗击新冠肺炎疫情方面，做了大量工作。围绕这两个年度工作重点和社会关注热点，人民政协报在这两方面报道也多有着墨。

巩固拓展脱贫攻坚成果、全面实施乡村振兴战略，是中国共产党执政宗旨的集中体现，是全面建设社会主义现代化国家的内在要求。2021 年 5

月24日全国政协在京召开“巩固拓展脱贫攻坚成果，全面实施乡村振兴战略”专题协商会。本次专题协商会采取联动协商形式，100余位全国、省、市、县级政协委员在全国政协机关主会场和贵州、云南分会场参会，28位委员、专家和基层代表在会议现场或通过视频连线方式发言，近140位委员通过移动履职平台发表意见，人民政协报对有关发言进行了摘登。

在地方政协和统战新闻版，围绕地方各级政协和统战组织在促进乡村振兴中所做的各项工作，如建言献策、驻村工作、捐助帮扶等内容，都长期予以充分报道。尤其值得一提的是，人民政协报2018年12月启动与驻村第一书记同吃同住同劳动活动。2021年，报社克服新冠肺炎疫情等不利因素，向山东临沂、陕西延安、辽宁彰武等地派出三同小分队，在第一线记录乡村振兴伟大成果。

2021年，新冠肺炎疫情在我国总体可控，但仍时有暴发。疫情面前，各级政协委员无所畏惧，或发挥自身专业优势冲锋在前，或慷慨解囊捐款捐物，或积极参与公益组织开展社会服务……留下了无数感人故事。每当有局部突发疫情时，人民政协报都会在统战和地方政协版面及时刊发相关报道。

创新工作形式，听民情解民忧

对于全国政协和地方政协的重点调研活动，人民政协报都予以充分报道，在8版专门开设“调研”版，报道全国政协及部分地方政协开展的重大专题调研活动。

人民政协报在做好规定动作的同时，注重配合与创新。自十二届全国政协恢复双周协商座谈会制度以来，双周协商座谈会以小切口大视角的务实形式充分发挥了人民政协作为协商民主重要渠道的作用，十三届全国政协又创新开展了网络议政远程协商会，进一步丰富了协商议政的形式，扩大了协商群体和内容。

2021 年，全国政协共举行双周协商座谈会、网络议政远程协商会二十余场，围绕“持续优化营商环境”“全民义务植树行动的优化提升”等当前经济、社会发展重大问题和涉及群众切身利益的实际问题进行广泛协商，成为全国政协听取社情民意、服务社会、凝聚共识的重要抓手。

双周协商座谈会、网络议政远程协商会也成为人民政协报宣传报道的重要内容，在做好程序报道、会议综述、发言摘登的基础上，还会围绕会议议题，在其他新闻版面配发地方政协在相关领域的做法实践。

对于其他重大专项工作，人民政协报同样充分报道，如为配合 2021 年度召开的全国政协主席会议成员务虚会专门围绕做好新时代政协民主监督工作交流研讨，人民政协报从 2021 年 9 月 5 日开设专栏“努力深化民主监督实践”，展示各级政协适应新阶段新要求，深入学习习近平总书记关于政协民主监督工作的重要论述，坚持问题导向，查找薄弱环节，发挥专门协商机构制度优势，不断深化政协民主监督的生动实践。

人民政协报高度重视地方政协尤其是基层政协在工作中所取得的创新成果，在 1 版长期开设“新时代市县政协的新样子”等栏目，充分展示地方政协工作创新，对“委员议事厅”“微协商”等贴近民生关切、解决问题行之有效的经验给予大力宣传。

发挥政协人才智力优势，为地方发展建良言出实招

进入新的发展阶段，人民政协充分发挥人才智力优势，为地方发展建言献策，对此内容人民政协报进行了相关报道。各级政协委员如何发挥自身优势，为地方发展建良言出实招，一直是人民政协报宣传报道的重要内容，尤其是在对地方各级政协的报道内容中，占有很大比例。

为配合全国政协出台《关于强化政协委员责任担当的意见》，人民政协报在“市县政协”版陆续推出政协委员典型报道“委员新样子”，亮出基层政协委员为国履职、为民尽责，把事业放在心上，把责任扛在肩上，用情用心用功履职的优异答卷。

人民政协报高度重视宣传报道地方政协在地方区域协同发展、优化营商环境、贯彻绿色发展理念、科技创新、补齐民生短板等方面所做的工作，如2021年5月专题报道了京津冀协同发展六城市（区）政协合作机制第三次会议相关内容。

在岁末年初的地方两会密集召开时段，人民政协报每期推出4个“地方全会扫描”专版，集中报道展示地方政协在促进当地发展和政协自身建设等方面所取得的成就。

立足政协统战特色，在相关领域积极发声

作为立足政协统战特色的中央重点新闻媒体，在民族宗教、涉疆涉藏、港澳台侨等领域，人民政协报有自身独有的特殊优势，在上述方面做了大量的宣传报道。

如2021年12月3日至4日，全国宗教工作会议在北京召开。全国政协民族和宗教委员会号召宗教界、少数民族界委员第一时间深入学习会议精神，并于12月6日组织在京委员召开座谈会，深入学习贯彻会议精神。人民政协报摘登了部分委员的学习体会进行分享。

在日常新闻版面中，人民政协报以新疆各级政协驻村帮扶队为依托，大量报道党和政府为全方位帮助新疆各族人民脱贫致富奔小康所付出的努力。

对于港澳同胞、台湾同胞、海外侨胞所参与的帮扶发展、参观访问等内容也予以较多报道关注。

北京市政协
走好网上群众路线　广泛凝聚社会共识

“委员讲堂”是北京市政协为委员搭建的知情明政和面向社会宣传党的政策、广泛凝聚社会共识的履职平台。2020年，北京市政协将“委员讲堂”开到网上，把政协委员专业优势与新媒体平台传播“短平快”特点有机结合，主动面向社会宣讲政策、回应关切、释疑解惑、传播共识，成为委员加强与群众联系、走好网上群众路线的重要平台，也成为北京市政协运用新媒体做好宣传工作的一个亮点。

一、聚焦大事要事主动发声

近年来，北京市政协以“委员讲堂”为阵地，在重大事件上主动发声，积极做好政策解读和正面引导工作，广泛凝聚了社会共识。如2020年，聚焦大事要事“委员讲堂”开展网上宣讲107次。年初，面对突发的新冠肺炎疫情，开通“委员讲堂——抗击疫情网络直播”，邀请32位来自医药卫生、教育、体育、文艺、社会科学等界别委员，结合疫情期间的热点话题和自身专业，广泛宣传疫情防控政策和相关知识，坚定打赢疫情防控战信心。在我国即将全面建成小康社会决胜决战阶段，组织各界委员结合学习习近平总书记有关脱贫攻坚重要讲话和自身参与帮扶工作体会，举办“脱贫攻坚社会宣讲——北京市政协委员网络直播”31讲和“摆脱贫困圆梦小康——北京市政协委员讲述脱贫故事”30讲。针对新版《北京市生活垃圾管理条例》实施，邀请委员围绕“加强垃圾分类促进生活垃圾减量”主题进行3次网络宣讲，积极助推条例实施。在民法典即将施行之际，邀请全国、市、区三级政协委员走进“北京市政协委员工作室”，通过“委员讲堂·律师政协委员讲民法典”栏目，面向社会解析法律条文，开展普法工作11讲。据不完全统计，“委员讲堂”在千龙网、北京时间、市政协网站和“北京政协”微信公众号、快手、抖音等平台点击量达2.64亿余次，产生良好的社会反响。

二、紧扣“时效”“实效”两个要素

“委员讲堂”效果好不好，受不受网民喜欢？为了解决这个问题，我们在主题内容设置上下功夫，紧抓“时效”和“实效”两个要素，贴近人民群众关注点设置话题，有效提升了“委员讲堂”的宣讲效果。如，“委员讲堂”直播时正值新冠肺炎疫情暴发期，针对互联网上各种消息“满天飞”，造成许多群众焦虑与恐慌的情况，宣传部门紧抓“时效”节点，紧扣各界群众普遍关注的热点问题，及时邀请6位来自医药卫生一线的委员回应群众疑问、普及防疫知识、做好心理疏导、倡导科学防护、指导居家防疫。随着疫情发展变化，3、4月后针对学生在家上网课、高三学生备战高考模拟考等热点，邀请5位来自教育一线的委员讲授学习方法、分享教育理念。针对心血管疾病患者、肿瘤患者及儿童、老年人等免疫力较弱群体，疫情期间看病不便的问题，邀请6位来自医疗专科领域的委员讲解相关人群疫情期间就医指南、特殊防护要点。在疫情波动期间，邀请3位委员讲解如何应用生物芯片技术检测新冠肺炎病毒、介绍新冠肺炎病毒检测过程及结果判定等相关情况，解答群众普遍关心的核酸检测方面的疑惑。在疫情不断趋稳、好转阶段，邀请4位社会科学界委员对共享用工、疫情期间相关法律热点问题进行讲解，做到“有策划、有主题、有备课”。许多网友在观看直播时留言点赞：“真是太及时了！”“讲的内容很实用，马上学起来。”

三、形成融媒体矩阵联动

为进一步提升“委员讲堂”宣传效果，拓宽宣传“面”，加大宣传“力”，市政协宣传部门建立了“有预告、有直播、有回放”全流程和“图文+短视频+长视频”多样态的宣传体系，形成“PC端+APP端+短视频平台”的联动同步直播机制。开播前多渠道推送预告信息，制作专属海报在“快手政务”号、“北京政协”快手号提前预热传播，在微信公众号、头条号发布直播预告稿。开播前一小时，拍摄主讲委员宣传短视频并在抖音号、快手号发布，实现直播前的再次引流。直播中除在北京市政协官网等网站播出外，“北京政协”快手号、抖音号也全程同步直播，让习惯于刷手机的用户也能全程观看。直播结束后，还通过“北京政协”微信公众号、头条号、快手号、抖音号推送完整回看视频或精华集锦，让用户可以“各取所需”多次观看，快速、高效、简洁、直接地传递有效信息，形成了融媒体矩阵联动，提升了宣传效果。

上海市政协
打造面向社会凝聚和传播共识的新平台

2019年1月25日，政协头条正式上线。上海市政协主席董云虎明确指出：政协头条作为人民政协学习宣传平台，要坚持立足上海、面向全国，立足政协、面向社会，统筹学习引导和舆论宣传，把加强思想政治引领和广泛凝聚共识作为中心任务，着力打造委员学习的新园地、思想引领的新载体、新闻宣传的新窗口、联系各界的新桥梁。

两年多以来，政协头条始终不忘初心、牢记使命，努力打造面向社会凝聚和传播共识的新平台。截至目前，政协头条下载量和关注的客户数为8.4万，日均发稿100篇左右，日均全网点击量超过100万次，在构筑网上网下同心圆上发挥了应有的作用。

一、丰富学习资源，努力成为委员加强学习凝聚共识的新平台

作为全国各级政协率先上线的学习宣传一体化移动新媒体平台，政协头条从诞生的第一天起，就承载着“媒体+”的功能，努力实现思想引领和凝聚共识常态化、在线化、移动化。一是在选题策略上强化思想政治引领。政协头条是政治媒体，以鲜明的政治性体现引领功能。我们突出宣传习近平总书记关于加强和改进人民政协工作的重要思想，彰显政协制度优势，发出政协履职声音，展现政协委员风采。截至目前，政协头条总日均发稿

100篇左右，约有七成流量来自上述重点选题。二是在报道方式上注重学习交流互鉴。新时代加强和改进人民政协工作具有强烈的实践性、探索性。我们重点关注各地政协加强专门协商机构建设展现的新风貌、服务中心任务取得的新成绩，既重视"做什么""做得怎么样"，更重视"为何做""如何做""怎样才能做得更好"，着力呈现出全系统、全方位的创新场景，为政协组织和政协委员学习交流互鉴开辟"一站式"新渠道。三是在内容结构上注重政协知识传播。政协头条专门设置了学习板块"走进政协"。其中，"知识""秒懂"两个栏目主要介绍政协知识，以数据化、可视化等方式解读政协，每逢政协庆典、政协全会等重大活动时都会出现一个流量峰值。"钩沉"栏目主要发挥政协文史优势刊发文史内容。

二、服务委员履职，努力成为委员面向社会传播共识的新平台

作为政协工作的主体，政协委员是政协头条的"当然网红"。一是及时报道政协委员在履职工作中和关键时刻亮明身份，利用自身专业知识和影响力，面向社会及时宣传党的方针政策；二是通过开设专栏、进行专访等方式，针对社会各界关注的问题和界别群众的利益诉求，组织政协委员、各界人士在涉及重大原则问题上主动发声，传播共识，凝聚人心；三是吸引委员入驻"政协号"，这是一个为各级政协及各参加单位、政协委员量身定做的信息发布平台。

2021年，全国政协十三届四次会议期间，政协头条"聚焦2021全国两会"专题滚动推送相关报道500余篇，其中直播17场，视频新闻近40条，此外还有原创H5、制图等。政协头条的原创制图也获得了上观新闻、新民网、澎湃新闻等媒体的转发。

新冠肺炎疫情暴发后，我们第一时间受权发布上海市政协"战疫动员

令”，点击量当即上升到15万次，政协委员和社会各界反响热烈；在疫情防控关键时刻，及时开设“战疫问答”专栏，邀请专家委员就疫情防控、心理调适等问题释疑解惑；3月中旬开始，又率先开设“直面重大变量·把握发展先机”专栏，引导委员对后疫情时代经济社会发展进行深入思考。

越来越多的委员也开始乐于利用政协媒体向社会主动发声。2019年，有1100人次上海市政协委员在“政协头条”上围绕国家和本市重大决策部署、社会关注的热点难点问题亮相发声，利用自带流量的影响力积极引导社会舆论。2020年这个数据上升到2180人次，2021年为2260人次。

三、拓展服务边界，努力成为政协面向社会凝心聚力的新平台

承载“媒体+”功能的政协头条，已经深深嵌入政协工作之中，成为政协履职不可分割的一部分。一是高度重视“共识思维”和“共识价值”，充分报道政协组织运用协商民主机制广泛凝聚共识的创新举措，从视察考察、调查研究、协商议政、民主监督等各项履职活动中感受新成就、领悟新思想。二是高度重视发挥统一战线组织功能，充分报道政协组织在广泛团结联谊中凝聚人心力量的担当作为。运用文字、图片、视频、直播、H5等全媒体报道手段，全面展示“政协公众日活动”、委员讲坛、“澳门青年人才学习实践计划”、外籍人士走进政协等上海市政协一系列品牌活动的丰富内涵，不断增进对中国特色社会主义道路、理论、制度、文化的认同。三是发挥媒体优势，丰富政协履职服务生态。目前，在上海政协组织、统战系统开展新闻传播业务培训、协助组织论坛座谈等，已成为政协头条的日常事务；政协头条在“学习强国”“今日头条”“澎湃新闻”“百家号”“抖音”等第三方平台共开设17个账号，粉丝总数近4万，成为政协拓展宣传面、壮大影响力的新通道；去年11月，政协头条在安徽芜湖正式设立工作站，

为线上线下同频共振提供助力。

目前，政协头条进入一个新的发展阶段，需要进行思想站位再提高、体制机制再优化、发展能力再提升。做好新时代政协新闻传播工作是一项全新的挑战，迫切需要我们携起手来，加强协同联动，凝聚系统合力，真正展现理论自觉、行动自觉，从而肩负起政协新闻人共同的使命责任。

（上海市政协“政协头条”编辑部）

江苏省政协
用好网络新媒体　传播政协好声音

近年来，江苏省政协深入学习贯彻习近平总书记关于宣传思想工作的重要论述，认真贯彻落实中央政协工作会议精神，按照全国政协部署和省委要求，牢牢把握统一思想、凝聚力量这一中心环节，充分运用互联网、移动客户端等新媒体，努力提升政协新闻宣传的引导力、影响力、公信力。作为政协新闻宣传的重要阵地，江苏政协微信公众号于 2018 年 4 月正式上线，经过几年的积极努力、探索实践，在传播党委政府声音、宣传政协工作、展示委员风采方面发挥了积极作用。“声量指数”在全国地方政协公众号“商靓榜”中名列前茅。

一、立足实际，推进融合创新

发挥省政协新闻宣传和信息化建设业务融合优势，紧跟技术步伐、做强平台支撑，推动政协新闻宣传工作与时俱进、创新发展。一方面，注重平台融合。加强江苏政协微信公众号与门户网站、“掌上履职”APP 客户端的协同建设、深度融合，搭建“一号一网一端”网络新媒体宣传矩阵，实现资源共享、形式互补，常态化宣传全省各级政协组织、政协各参加单位、广大政协委员建言资政、凝聚共识所做工作、取得成效。另一方面，优化功能设置。设“政协自媒”栏目，下设“门户网站”“掌上履职”两个子栏目，实现自有媒体横向协同；设“市县矩阵”栏目，下设“微信矩阵”和“网站矩阵”两个子栏目，推动省市县三级政协媒体纵向联动；设“学习园地”栏目，下设“学习强国”子栏目，促进政协媒体与其他媒体内外互动，提升公众号服务委员、机关干部工作学习的能力和水平。公众号上线以来，累计推送各类信息 4300 余条，影响力逐步扩大。

二、把牢方向，讲好政协故事

紧扣政协政治属性，始终坚持正确政治方向、舆论导向和价值取向。一是紧扣中心大局。旗帜鲜明讲政治，宣传中央和省委、省政府重要决策部署，宣传政协性质地位，宣传省政协重要活动、履职成效，宣传市县政协工作动态、亮点，宣传委员履职尽责、建言献策成果，成为省政协工作提质增效的重要窗口。二是聚焦重大活动。为庆祝中国共产党成立 100 周年，习近平总书记“七一”重要讲话发表后，第一时间推出“委员学‘七一’讲话”专栏，推送 100 期 300 名全省各级政协委员学习感言；为庆祝新中国和人民政协成立 70 周年，开设“壮丽 70 年 · 致敬新时代”专栏，组织委员围绕“我和我们的政协”主题，通过短视频和留言，共同祝福伟大祖国繁荣昌盛、政协事业蒸蒸日上；开展“最美政协委员——70 年 70 人”评选活动，开设“委员风采”专栏，推送每位入选委员的先进事迹、感人故事，营造了对标先进、见贤思齐的良好氛围。三是创新宣传形式。推出 H5 页面、Vlog、长图等形式多样的宣传方式，对政协全体会议、专题议政性常委会会议等进行常态化图文或视频直播，全方位、多角度展现新时代政协新气象新作为，为广大公众了解政协、走近政协、参与政协搭建了有效途径，同时培养了一批政协“粉丝”。遵循新媒体传播规律，探索运用鲜活生动的新闻语言吸引读者，增强推送内容的吸引力、可读性，让政协的形象更加生动、更接地气。

三、完善机制，规范运营管理

坚持党管宣传、党管媒体，从制度建设、内容推送、稿件审核等方面下功夫，加强对公众号的规范管理。一是健全制度规定。严格落实意识形态工作责任制有关文件精神，制定《关于进一步规范江苏政协微信公众号运营的若干规定》，从指导思想、工作职责、发布管理等方面提出明确要求，压实责任、严格管理。二是加大推送频次。结合政协工作规律，在充分调研用户习惯的基础上，固定每周一至周五每天 8:00、12:00、16:00 推送，每周六 8:00 推送，增强用户黏性、推送稳定性。三是规范日常运营。建立微信公众号工作群，及时研究讨论每日发布内容，实现“值班编辑——部门负责人——政协机关领导”层层把关的高效、规范审核流程，确保发布内容的政治性、准确性、可读性，讲好政协故事、汇聚智慧力量，充分展现新时代人民政协的新样子。

浙江省政协
提升媒体融合传播能力　赋能政协工作创新发展

浙江省政协党组高度重视新闻宣传工作，积极探索传统媒体与新兴媒体融合发展，取得了一定成绩。以下重点分享浙江政协新媒体发展情况。

一、紧跟传播大潮，热情拥抱互联网

本届浙江省政协开局伊始，省政协党组在专题调研后提出，新闻宣传工作要热情拥抱互联网，在巩固传统媒体阵地基础上，积极拓展新媒体，促进媒体融合传播。一是依托联谊报创建“浙江政协同心苑”公众号，二是为联谊报创造条件打造“中央厨房”。由此，拉开了浙江政协媒体融合发展的序幕。“同心苑”上线后，依托有关媒体相继搭建了“同心桥”“同心树”“之江同心”等宣传平台，借船出海、借梯登高，形成浙江政协特色的“同心”系列宣传平台。“同心桥”是浙报集团钱江晚报专栏与其“小时新闻”客户端的融合传播平台，聚焦民生议题宣传政协工作和委员故事；“同心树”是浙江卫视专题节目与“中国蓝新闻”客户端的融合传播平台，突出展示政协重点履职工作和委员风采；“之江同心”是在“学习强国”浙江学习平台上创建的，融图文报道和音视频于一体的政协专题频道。四个“同心”平台各扬其长、各展优势，报、网、端、微、屏联动发力，整体影响力、知名度不断提升，在2020年入选长三角区域媒体融合发展创新案例。

二、明确传播定位，彰显政协新样子

这是个新媒体勃兴的时代，也是个众声喧哗的时代。我们在新媒体众声喧哗的舆论场中始终保持战略定力，积极凝聚读者群、做大朋友圈。我们坚持以习近平新时代中国特色社会主义思想为指导，深入学习宣传贯彻习近平总书记关于加强和改进人民政协工作的重要思想，紧扣中心大局，把握宣传重点，踩准报道节奏，着力展现新时代人民政协工作的独特内涵和独特作用，着力展示政协协商民主在浙江探索实践的特色亮点和精神风采，着力彰显政协新媒体的传播定位和鲜明个性。我们重阅读量、但不唯阅读量，坚守内容为王，不迎合、不自我，努力把规定动作做好、把自选动作做活，坚持正确舆论导向不偏离，坚守媒体宗旨定位不飘浮。我们“同心”传播平台，围绕我省政协履职重点，紧盯“请你来协商”“委员会客厅”“民生协商论坛”和“崇学系列·书香政协”等浙江政协工作特色平台的履职活动，捕捉亮点，在宣传报道中体现浓浓的政协味、浙江味。

三、强化策划创新，让政协报道更鲜活

政协新闻特点是“软新闻”，一般不会有令人惊爆的“硬新闻”，但这些“软新闻”中也有丰富的、可以吸引大众眼球的新闻，关键在于我们要有发现新闻的敏感力和策划创新意识。我们坚持守正创新，因时因势引导媒体工作者积极推进策划报道，讲好政协故事、委员故事，更好地凝聚共识、传播共识。比如，省政协全会期间，“同心苑”记者发现一位委员行李箱中带了“三颗笋”，为少数民族乡村共同富裕鼓与呼，“同心苑”及时进行策划，跟踪拍摄图片、视频，引起与会委员强烈反响，也引发各类媒体的关注。又比如，在疫情防控和复工复产阶段，“同心苑”组织记者和有

关委员为困难乡村尝试带货直播，两场直播为两个村分别创收50多万元、150多万元。又比如，“同心苑”以委员履职故事为素材，策划推出微电影、微纪录片、“云春晚”等短视频，得到新华社、《人民政协报》等所属新媒体转载，阅读总量屡破100万。“浙江政协同心苑”影响力在人民政协报“商靓榜”和浙江政务类公众号排行榜中都持续名列前茅。同样，“同心桥”“同心树”也根据媒体传播特点进行精心策划，有的报道获得新闻奖，有的报道获宣传部门通报点赞。

四、推进队伍建设，让年轻骨干唱主角

新媒体阵地上，年轻人是主力。“浙江政协同心苑”从事新媒体一线的工作者主要是80后、90后扛战旗。我们尊重年轻人创造，同时注重职业纪律教育和政协理论、专业知识培训，倡导大家走近委员、走到现场、走进会场、讲好故事，采编出接地气、冒热气的政协新闻。近年来，“同心苑”不断优化队伍结构，陆续引进了10多位年轻人，其中有几位是“双一流”大学毕业生。“同心苑”上线至今还不足3年，发稿近4500条，阅读量3400多万，篇均阅读量7500多；学习强国上的“之江同心”去年5月上线，至今发稿400篇，阅读量突破2700万，篇均阅读量6.7万多；“同心桥”在《钱江晚报》“小时新闻”客户端中的报道常有几十万阅读量；“同心树”在全国同时段同类型上星节目中收视率保持前列。

我们近几年的探索实践还非常有限，面临的困惑也不少。比如，如何优化流程，如何提升新媒体从业人员能力素质，如何改进政协传播理念、语言风格，以更好适应大众传播环境、提升政协宣传工作水平？希望今后同各位同仁、专家继续交流。

安徽省政协
服务大局 守正创新

安徽省政协深入学习贯彻习近平新时代中国特色社会主义思想，特别是习近平总书记关于加强和改进人民政协工作的重要思想、习近平总书记考察安徽重要讲话指示精神，牢牢把握新时代人民政协的新方位新使命，注重发挥互联网作用，开展新媒体和传统媒体融合传播，积极宣传党的主张，传播政协声音。

一、围绕中心，服务大局

坚持从全局出发，谋深谋实新闻宣传工作。年初，根据省政协工作要点，制定加强和改进新闻宣传工作年度方案，一体设计时间表、路线图、责任状，同时根据省政协年度工作实际开展情况，及时对方案进行调整、充实和完善，努力做到省政协履职活动开展到哪里，新闻宣传工作就及时跟进到哪里。围绕全国两会、省政协全体会议、议政性常委会会议、省委书记领衔督办重点提案办理协商会议、月度专题协商会议等重点会议和疫情防控、防汛救灾等重点工作，推出深度报道、专栏报道，录制播放宣传片、制作展板宣传栏、编辑图片宣传册，全景式展现省政协各项重点工作。

二、服务履职，守正创新

坚持履职实践与新闻宣传融合发展，用丰富的履职成果为新闻宣传工作提供充足的养料，以新闻宣传工作提升政协履职的社会影响。如，省政协月度专题协商会充分利用安徽政协网、微信公众号、“皖美政协”APP和相关合作媒体，构建月度专题协商会“四个一”模式，即设计一份网络调查问卷、打造民意收集平台，撰写一份问卷分析报告、打造数据支撑平台，融汇一组网上网下问答、打造互动交流平台，发布一场图文现场直播、打造即时宣传平台。在问答之间提升了建言资政质量、增强了协商议政效果，又在直播之中澄清了一些模糊认识、宣传了党委政府决策，真正实现了建言资政与凝聚共识双向发力，最大限度地实现了宣传工作与履职工作的互促共进。

三、争取支持，积极合作

争取各方主动，抓住各方的大力配合。坚持把对重点工作的新闻宣传作为年度履职情况通报的重要内容，促进机关在组织开展履职活动的同时，同步考虑新闻宣传工作，主动与新闻宣传部门密切联系，及时提供了丰富多彩的履职形式、途径、内容和收获，使新闻媒体有了取之不尽、用之不竭的鲜活素材。优质服务媒体，构建紧密的合作平台，对参与政协履职新闻宣传的媒体，根据其需求提供各方面保障，宣传部门的同志与媒体记者广交、深交朋友，从感情上、事业上结成共同体。培养报道骨干，形成常态的运行机制，从全省三级政协机关干部中发现和培养新闻宣传报道骨干，并定期组织培训，定期开展好新闻评选，提高其新闻素质、提升其宣传能力。目前，大多数市县政协机关以及省政协机关各处室至少都有一名新闻报道骨干，正是这些骨干作用的积极发挥，让“人民群众感受到政协就在自己身边”的生动图景得以实现。

四、构建平台，做好保障

坚持协同发展，以信息化建设助力网络宣传。以“开放、理性、共享、创新”为原则，全面建成“一个中心、两大门户、三大平台、八类数据库”，积极打造网络协商平台，《人民日报》《人民政协报》《安徽日报》、安徽广播电视台等主流媒体多次报道省政协网络协商平台作用发挥。充分发挥“两网一微一端”网络宣传平台作用，坚持导向为魂、移动为先、内容为王、创新为要，弘扬主旋律，激发正能量，增强传播力、引导力、影响力、公信力。2016 年以来，多次改版安徽政协网和机关信息网，大力提高宣传实效，累计发布信息 7 万余条，开设 60 余个网络宣传专题；2019 年全新改版“皖美政协”APP，累计发布资讯 4000 余条，设置宣传专题专栏 10 余个；2018 年开通“安徽政协”微信公众号，月度综合排名进入全国各级政协前十。

河南省政协
发挥全媒体作用　讲好河南政协故事

近年来，在河南省政协领导和办公厅领导的高度重视和关心支持下，河南省政协进一步加强和改进人民政协新闻宣传工作，从思想到行动与时俱进，突出政协工作特点，创新体制机制，巩固扩大宣传阵地，力促人民政协新闻宣传工作迈上新台阶。

一、突出工作亮点，展现政协风采

围绕省政协的中心工作，河南省政协宣传工作重点抓了以下几个方面：一是积极投身抗击新冠肺炎疫情斗争。在新冠肺炎疫情防控这场大战大考中，我们把思想和行动统一到中央精神和省委决策部署上来，统一到省政协和机关防疫工作要求上来。疫情发生后，先后十几次组织协调省主要新闻媒体，随同刘伟主席到疫情较为严重的驻马店、周口疫情防控一线，深入医院、火车站、交通卡口、社区、企业、商超等地，以连续报道持续传达省里的新指示新要求；组织省主要新闻媒体深入报道全省各级政协组织和政协委员投身疫情防控一线的先进事迹；协商论坛杂志社编辑出版了《战"疫"·政协力量》专刊，反映全省各级政协组织、政协参加单位和广大政协委员在疫情防控中的履职风采，"河南政协"微信公众号推送各级政协组织抗疫信息500余条。为有效发挥政协作用、做好疫情防控，营造全社会同心协力、抗击疫情的良好氛围作出积极贡献。按照全国政协办公厅通知要求，及时组织上报政协委员助力疫情防控先进事迹，并得到全国政协办公厅的通报表彰。

二是努力办好“委员通道”和“提案进行时”。“委员通道”和“提案进行时”是河南省政协拓展宣传渠道、创新宣传方式、扩大政协影响的积极探索。自推出以后，得到了省政协领导、省政协委员和社会各界人士的一致好评，办好“委员通道”和“提案进行时”已经被写入2019年12月9日河南省委印发的《关于新时代加强和改进人民政协工作的实施意见》。

“委员通道”集中采访作为全会期间宣传报道的重头戏，社会影响面大，媒体关注度高，组织协调任务重。我们提前谋划，制订工作方案，抽调有关同志成立工作组，坚持分工负责与统一协调相结合，从确定接受采访委员名单，到组织委员和省广播电视台直播团队进行对接，初步确定采访提纲，再到直播演练，发现问题，打磨细节，为委员通道的成功举办奠定了坚实的基础。

2020年上半年，根据新冠肺炎疫情防控有关要求，节目录制一直处于暂停状态。在疫情防控进入常态化、电视节目录播重启之后，7月17日，我们及时组织召开选题碰头会，与提案委员会办公室、省广播电视台共同商定节目录制选题。《提案进行时》栏目组克服困难，创新方式，邀请观众参与节目线上录制，与现场嘉宾即时互动。9月份以来，共录制播出四期节目。9月6日播出《郑州停车难路在何方？》，针对如何缓解郑州停车难，共同把脉问诊，提出意见建议；10月4日播出《入园难入园贵国家开出“新药方”》，针对引导支持民办幼儿园提供普惠性服务进行讨论。11月1日播出《老旧小区改造“忧居”变“优居”》，分析解决老旧小区改造中遇到的难点、痛点。12月初播出《如何确保外卖食品安全》，聚焦外卖食品质量问题。栏目直面社会公众关注的热点、难点问题，激发了人民群众的共鸣，引发了强烈的社会反响。

三是创新做好省政协全会和住豫全国政协委员赴京参加全国政协会议的宣传报道。每年一次的省两会是全省人民政治生活中的大事，也是省政协宣传工作的重要节点。省政协十二届三次会议上会中央媒体数量和发稿数量再创历史新高。人民政协报、人民政协网首次派出6名记者组成的强大团队来豫参加省政协全会的宣传报道，邀请北京市政协委员与河南省政协委员进行远程视频连线，围绕“共饮黄河水共话生态保护”话题，开启首场“网络议政”。人民网联合《河南日报》《大河报》、河南经济广播联手推出“融观两会出彩中原”栏目，实现跨媒体融合联动，一次性采集，四渠道同步分发内容。各新闻媒体在做好传统报道的前提下，纷纷加大在客户端、微信公众号、微博等新媒体端的报道力度，有效实现电视、广播、报纸、网络、手机客户端、手机报、微博、微信、微视频等资源共享，大大提升了会议宣传报道效果。

全国政协十三届三次、四次会议正值疫情防控常态化的特殊背景。我们组织河南广播电视台和河南日报精干力量组成前方报道小组，按照减人不减量、减人不减质的报道要求，克服重重困难，在会场外用车子搭建临时编辑间，及时编辑回传会场内的拍摄画面，圆满完成会议的各项宣传报道任务。刘伟主席批示：省主要新闻媒体克服困难，全力以赴，工作做得十分出色。在抓好省内新闻媒体宣传报道的同时，积极推动中央媒体加大对住豫全国政协委员履职活动的宣传报道力度，《人民日报》、中央广播电视总台、《光明日报》《经济日报》《科技日报》、中新社、《工人日报》《法治日报》等中央媒体都刊发了不少委员专访，充分展示了住豫全国政协委员履职尽责的良好形象和风采。

二、抓好常规工作，提升工作实效

按照刘伟主席提出的“三个一流”标准，我们认真研究宣传工作规律，不断完善工作措施，圆满完成各项工作任务。

（一）抓好经常性会议活动的宣传报道

2020年以来，在做好重要会议活动深入宣传报道的同时，认真负责地做好常规会议活动的宣传报道，对程序性新闻稿件进行严格把关，审核责任到人。一年来，及时准确地做好常委会会议、专题协商会、月协商座谈会、远程协商会、省政协主席会议和党组会议、党组中心组集体学习、重点提案督办、常委视察团视察、上级领导来政协机关视察调研、住豫全国政协委员赴辽视察等会议活动的宣传报道，创新报道形式，全面生动地展示了省政协履职活动和取得的丰硕成果。

（二）做好中央、省主要新闻媒体的沟通协调和宣传工作

《人民政协报》作为全国政协的机关报，《河南日报》作为中共河南省委机关报，是政协工作的重要宣传阵地。2020年，我们积极加强与中央、省主要新闻媒体的沟通协调，不断加强在中央、省主要新闻媒体的宣传报道力度，加强与人民政协报驻河南记者站和河南日报跑口记者的沟通联系，充分发挥两报平台高、受众广、影响大的优势，积极提供新闻报道线索，推动《人民政协报》《河南日报》加大对河南政协工作的宣传力度。

2020年，《人民政协报》一版先后刊发河南省政协重点专栏稿件近20篇，其中头版头条稿件2篇。其中《提案“云端”办协商“线上”忙》《春耕号子与机器轰鸣交响》《花儿为什么这样红》等稿件充分宣传报道河南全省各级政协组织工作创新亮点。5月22日，全国政协十三届三次会议期间，协调《人民政协报》刊发专版，《在中原大地谱写履职新篇章——河南省政协以守正创新精神推动各项工作提质增效》，介绍了河南省政协以守正创新

精神推动各项工作提质增效的生动实践，并推出刘伟主席专访报道《循循善导求同化异》取得了良好的宣传效果，受到省政协领导书面和口头表扬。2020 年 9 月，在人民政协报社新闻舆论研讨会上，我们再次获得“新闻舆论工作先进指导单位”的荣誉称号。

《河南日报》作为省委机关报，对住豫全国政协委员出席全国政协十三届三次会议、省政协历次常委会会议、月协商、专题协商会议、提案办理、调研视察等各项履职工作，以及贯彻落实中央、省委政协工作会议情况进行了及时充分的报道，在疫情期间对我省各级政协组织和政协委员发挥模范作用、带头参加疫情防控工作的情况进行了特别关注，为全省政协履职尽责、发挥作用营造了良好的社会氛围。省政协十二届三次、四次会议期间，我们在《河南日报》协调策划专版，对省政协全年履职工作进行了重点介绍，得到了社会各界的广泛关注和一致好评。

湖南省政协

坚持守正创新
做好新时代人民政协宣传思想工作

近年来，湖南省政协坚持以习近平新时代中国特色社会主义思想为指导，认真贯彻落实中共中央、全国政协党组和中共湖南省委关于政协宣传思想工作的决策部署，把握专门协商机构职能定位和优势作用，主动适应互联网给宣传思想工作带来的深刻影响，守正创新、顺势而为，推动全省政协宣传思想工作不断取得新的成效。

一、加强党的领导

人民政协宣传思想工作是党的宣传思想工作的重要组成部分，也是做好人民政协工作的重要保证。湖南省政协毫不动摇坚持和加强党的全面领导，切实强化了党对政协宣传思想工作的领导。

（一）旗帜鲜明讲政治。始终把党的政治建设摆在首位，深刻领会“两个确立”的决定性意义，切实增强“四个意识”、坚定“四个自信”、做到“两个维护”，坚持把学习宣传贯彻习近平新时代中国特色社会主义思想作为首要政治任务，严格落实意识形态工作责任制。坚持把政协宣传思想工作纳入重要议事日程，加强研究部署，每年与省委宣传部联合召开全省政协宣传思想工作座谈会、定期召开省政协宣传思想工作联席会议，认真学习贯彻习近平总书记关于宣传思想工作的重要思想，学习贯彻中共中央、全国政协党组和中共湖南省委有关宣传思想工作的文件会议精神，分析全省政协宣传思想工作状况，确保我省政协宣传思想工作在思想政治行动上始终与党中央保持高度一致，在重大主题、重要活动的宣传报道上与全国政协党组、中共湖南省委工作大局同频共振。

（二）持之以恒抓学习。深入开展习近平总书记关于加强和改进人民政协工作的重要思想学习研讨活动，统筹推进“习近平总书记关于加强和改进人民政协工作的重要思想”研究基地、培训基地、实践基地的建设工作，着力构建理论研究、学习培训和创新实践“三位一体”格局，形成“研学用”相互转化的良性循环，持续推动学习宣传贯彻走深走实。在党组带头学、中心组引领学、支部集中学的基础上，通过委员工作室、湘声大讲堂、委员公开课、政协云书院等平台，大力推动委员读书活动、党史学习教育、协商履职相结合，实现理论研究、履职实践、宣传阐释相互贯通，不断在学懂弄通做实党的创新理论上取得新成效。

（三）层层负责管阵地。坚决守住管好新闻舆论阵地，出台了《省政协党组意识形态工作责任制实施办法》《省政协宣传资讯平台管理办法》等制度，明确省政协各宣传阵地责任人职责，形成了一级抓一级、层层抓落实的工作格局，切实加强对所属报刊、网站、政协云 APP 等宣传阵地的管理。坚决扛起意识形态工作政治责任和主体责任，省政协党组、省政协机关党组定期研究意识形态领域形势，积极开展网上意识形态斗争，建好用好全省政协网络舆情监测系统、全省政协新闻宣传指挥系统，24 小时监测政协有关网络资讯和舆情，及时处置敏感舆情，切实做到守土有责、守土负责、守土尽责。

（四）求实创新强队伍。高度重视宣传思想工作队伍建设，在省政协党组领导下，安排一名副主席具体分管，一名副秘书长负责协管，在办公厅专门设置宣传处负责宣传思想工作。加快推进媒体深度融合发展，推动省政协湘声报社、文史博览杂志社融合改革，成立省政协融媒体中心，形成了“报刊网微端屏”的宣传矩阵，切实解决宣传思想工作队伍人员配备、基本待遇、工作条件等实际问题。组建省市县三级政协宣传联络员队伍，定期举办宣传联络员学习培训班等学习活动，不断增强他们的脚力、眼力、脑力、笔力，努力打造一支政治过硬、本领高强、求实创新、能打胜仗的政协宣传思想工作队伍。

二、抓好宣传报道

（一）加强宣传策划。认真贯彻落实中共中央、全国政协党组、中共湖南省委关于宣传思想工作的决策部署，把握大局大势，按照统一安排，加强研究策划。每年对全国两会、省两会期间政协有关宣传报道及省政协各项年度重点履职活动，做到提前对接工作安排，提前制定宣传方案，提前召开会议调度，提前采集报道素材，确保宣传报道有力有序，传播效果出新出彩。如，省政协十二届五次会议期间，我们专门制定了预热报道方案、会议宣传方案、委员通道方案等，精心策划会前、会中、会后报道，会前还专门总结了省政协 8 个方面的年度重点工作，指导各新闻媒体推出了一大批预热报道，取得了很好的宣传效果。又比如，全国政协十三届五次会议期间，我们克服疫情影响，为住湘全国政协委员提前策划报道、提前采集素材，在中央媒体、省级媒体和省政协所属媒体共计刊发稿件 1000 余篇，央视《新闻联播》在会前以 2 分 24 秒时长报道住湘全国政协委员李云才的履职事迹、中央主要媒体重点关注并报道住湘全国政协委员詹纯新走上第三场“委员通道”等，及时报道了大会盛况，充分展示了委员风采，得到了住湘全国政协委员的一致赞誉，在全省各界引发热烈反响。

（二）注重工作联动。着力构建大宣传格局，广泛凝聚政协宣传思想工作合力。积极主动加强与全国政协办公厅新闻局、省委宣传部等部门的请示汇报、沟通联系，积极争取相关部门的支持，把准把牢宣传方向，及时跟进报道任务、报道重点和报道动态。强化省市县三级政协宣传工作联动，深入市县政协调研指导，注重市县政协新闻素材搜集和推介，加强市县政协和政协委员的宣传报道，积极营造全省各级政协重视宣传、社会各界关注政协宣传的良好工作氛围。不断加强对委员的思想政治引领，注重委员主体作用发挥，引导全省各级政协委员深入界别群众开展宣传宣讲，引领思想、阐释理论、宣传政策、增进共识。如，为深入学习宣传贯彻习近平总书记在庆祝中国共产党成立 100 周年大会上的重要讲话精神，省政协举办专题研修班，组织三级政协委员入驻工作室成员开展集中研修，并以委员工作室为平台，组织政协委员深入基层一线、深入界别群众，持续开展各类宣传宣讲活动，广泛凝聚起共同奋斗的智慧和力量。

（三）强化媒体合作。建立邀请新闻媒体负责人参加全省政协宣传思想工作座谈会、省政协分管宣传思想工作的副主席带队定期走访新闻媒体等机制，及时听取媒体意见建议、了解报道需求，通报各个时期省政协的工作要点和宣传重点，不断加强与中央媒体、省级媒体和知名新媒体的联系合作。着力构建以政协云为核心的“报刊网微端屏”多平台媒体传播矩阵，打造具有品牌效应的政协专题专栏和频道，通过“报刊网微端屏”集中发力，不断提高内容创作生产传播能力，持续推出了一大批深入界别群众、引领网络热点的精品力作，进一步扩宽了宣传渠道，提升了报道层次，扩大了政协影响。如，2021 年省政协十二届四次会议期间，我们首次开设“委员通道”，受到了各新闻媒体的广泛关注，推出了一批有亮点、成爆款的新媒体稿件，各相关报道网络总浏览量超过 1.5 亿人次。

三、创新传播手段

（一）构建微端宣传体系。近年来，湖南省政协运用互联网技术创新开展宣传思想工作，尤其是注重做好政协云 App、微信公众号等微端宣传，打通了政协联系、服务、引导网民群众“最后一公里”。通过整合省政协内外资源，积极推进“互联网＋政协”履职全媒体建设，与省内主要网络媒体合作打造政协频道，统筹整合“湘声头条”“力量湖南”等微信公众号报道资源，推出“政协云”微信公众号、视频号等，不断强化新媒体报道。逐步探索出了一条符合微博、微信、抖音等新媒体平台传播规律、话语表达的新路子，建立起湖南特色的微端宣传体系，使政协宣传工作更接地气，更加深入人心。如，2020 年推出的《最美风景线》抗疫主题 MV“刷爆”微博、微信等网络平台，短短数日内浏览量突破 3.5 亿人次，向社会广泛传递抗疫正能量，有力展现了政协的担当与作为。

（二）打造云上媒体生态。2016 年以来，湖南省政协着力建设集政协云 App、门户网站、微信公众号等于一体，涵盖履职、学习、互动、宣传、管理等功能的“互联网＋政协”平台，重点打造了“微建议、委员工作室”等履职栏目和“政协云资讯”“云宝早自习”等宣传品牌。基于该平台构建政协媒体生态、创新媒介形态，通过对接中央媒体、省级媒体和网络媒体资源，推进省政协所属媒体融合发展，强化省市县三级政协宣传“云”上联动，不断推动政协履职与宣传深度融合。如，近年来，湖南政协积极打造线上线下委员工作室，实现了乡镇街道委员工作室全覆盖、委员进驻工作室全覆盖、线下委员工作室入驻政协云全覆盖，为政协宣传思想工作提供了新的聚合平台和传播载体。2021 年 7 月，人民政协报社主办的首届人民政协“委员工作室（站）”案例征集活动，湖南政协多家委员工作室脱颖而出，并重点推介了“云端＋线下”联动履职的经验做法。

（三）把握人工智能趋势。创新打造全省政协新闻资讯中心、宣传指挥中心、舆情监测中心，推动政协宣传报道、舆情预警与处置数字化、智能化、精细化发展。通过全省政协系统新闻报道大数据库，探索全网政协资讯抓取分析，省市县三级政协报道动态感知，全省政协系统网络舆情监测，有效指导各媒体和市县政协做好宣传思想工作，切实以宣传思想工作成效助推政协履职质量提升。主动适应媒体智能化转型发展趋势，与湖南广播电视台达成合作，建设智慧政协云编播系统，在科大讯飞等智能技术支持下，基于政协云资讯体系，打造集“采、编、审、播、检”于一体的智能新闻助手，进一步激发宣传思想工作新动能，积极推动湖南政协宣传思想工作智能化发展。

深圳市政协
借助新媒体优势　传播好特区政协好声音

2020年，深圳特区迎来了40周年的高光时刻，习近平总书记亲临深圳并发表了重要讲话，我们每一个深圳人都倍感亲切、倍受鼓舞，更坚定了建设好“大湾区”和“先行区”的豪情壮志，把巨大的压力转为前进的动力，方方面面都在奋力拼搏，力求不辱使命。在政协宣传方面，我们积极努力把政协委员在“双区建设”中高质量履职更好地反映出来，更好地传播出去。在借助新媒体优势方面，我们十分注重运用新媒体，在政协宣传上应用“加法”，传播好特区政协好声音。2020年，在全国地方政协网络新媒体影响力排行榜评选中，深圳市政协进入前三名。2020年第七场委员议事厅首次被学习强国选用推送，并被评为“深圳年度融媒体优秀传播范例”；其社情民意信息工作也在全国信息工作座谈会上交流了经验做法。

一、借助新媒体，做好政协系列重要会议及活动宣传

围绕深圳市政协重要会议及活动、重点工作项目等，提前做好具体策划及宣传安排。市政协宣传信息处与合作媒体就时间、人员、新闻要点、策划内容等进行沟通，最终确立策划方案。平时也注重积极主动邀请媒体记者参加对外公开的内部活动，挖掘有价值的新闻要点。如在全国政协十三届四次会议期间，深圳市政协与中国互联网新闻中心（中国网）合作，

以“无接触远程视频专访”的形式，从节目风格、节目LOGO设计、片头片尾设计、专栏设计等各项工作开展协商，针对每位嘉宾所关注的问题和准备提交的提案，结合大湾区和先行示范区建设，逐个拟定采访提纲。6天时间里，先后邀请13位全国政协委员参加节目录制，制作推出“委员5分钟”网络视频节目15期，话题几乎全部聚焦粤港澳大湾区和深圳先行示范区建设，涉及大湾区的科技创新、营商环境、青年创业、医疗服务衔接、教育协同发展、知识产权保护、能源体系保障等多个方面。通过全国两会的时间节点，全力为推动“双区”建设凝聚共识，为深圳改革发展助力。共推出《委员5分钟》15期，取得了很好的传播效果。“委员5分钟”节目全网播放量超过5000万，仅在新浪微博上的播放量就达1653万，互动点评数万人次，并受到全国政协大会新闻组领导的肯定。

二、运用新媒体，做强“深圳政协”微信公众号

“深圳政协”微信公众号是我市政协日常宣传的最重要平台。调研并借鉴我市其他相关单位微信公众号运营情况，提出了市政协微信公众号改进和优化方案，重新确立深圳新闻网为新的合作方，加强了新媒体策划力度，展开了一系列创新举措，增强了微信公众号内容加工和生产能力。在“深圳政协”公众号上推出了“凝心热议”“各区之声”“党史光辉”等专栏，荟萃了一批来自政协系统有关单位、政协委员学习贯彻的优质稿件，其中，包括政协各级机关单位学习贯彻的集体会议活动、政协委员们的心得感想，议学习心得、讲政协故事、扬政协之声，展现新时代深圳政协新样子。为突出“深圳政协”公众号作为委员履职展示平台的特点，我们积极主动做好公众号宣传策划。如在两会等重大政务活动期间，突出住深全国政协委员为主体的媒体宣传报道。在2021全国两会期间我们推出了“聚焦两会”

专栏以及“委员5分钟”特别短视频节目，全方位展示住深全国政协委员们的两会风采。在日常宣传中，我们定期根据全市中心工作和重大民生热点难点，主动展现委员履职风采。此外，还注重加强市政协门户网站建设，规范相关工作信息发布，提高政协工作透明度和公众知晓度。

三、注入新媒体，让传统电台节目“政协热线”大放异彩

“政协热线”是深圳政协委员与特区市民互动对话交流的传统电台节目，已持续开办21年，节目收听率一直保持在广播电台前三名。2020年以来，我们与“委员议事厅”活动相关民生议题形成互动，并通过新媒体壹深圳APP和深爱听APP传播。这个民生话题节目，主要围绕涉及全市医疗、教育、交通、居住等民生工程来设置话题，为政协委员建言献策提供履职平台，发出政协好声音。特别是从2020年3月开始，利用“政协热线”广播电台节目，组织开展“政协委员疫情防控系列谈”，邀请政协委员谈疫情防控的意见和建议、复工复产面临的困难问题及解决建议等。8月推出政协委员谈“书香政协”委员读书活动系列节目；10月份推出特区40、“圳在追梦”、凝心热议等系列节目。精选议事嘉宾，建言专业权威。

四、发挥新媒体，创委员议事厅新局面

从2020年5月开始，在做好疫情防控的前提下，我们重启了委员议事厅活动，实行了一系列改革创新，并改由深圳新闻网作为协办方，全年举办了9场委员议事厅活动，成效明显。主要体现为“四新”：一是新思维指导，立起了委员议事厅新高度。六届六次政协党组调整后，党组书记林洁同志顺应新时代对特区政协的新使命和新要求，高度重视运用互联网思维

重新思考和布局，两次专题研究委员议事厅工作，听取专题汇报，凝聚共识，提出了委员议事厅工作新思路和创新要求，实现了协办方由传统广电栏目制作团队改为新媒体优势的深圳新闻网团队。这个转变，既是市政协领导高瞻远瞩的正确抉择，又为委员议事厅活动举办注入了新的生机活力，标杆立新，更为委员议事厅运作改进立起了新高度。如去年第四场委员议事厅，话题聚焦医保先行先试，现场连线民盟中央副主席郑功成，让整场活动议出了新高度。二是新媒体直播，展现了委员议事新风采。新媒体直播技术赋能，委员议事厅展现委员新风采，传播新速度，议出新精彩，直观感强，互动性好。直播过程中，深圳新闻网还充分利用4G新媒体技术，打破空间障碍，将与话题相关的人和现场实时连接到委员议事现场，充分展现出新媒体的速度优势。三是新群体点击阅读，让委员议事厅有了新广度。去年9场委员议事厅，据初步统计，直播点击达1100万，9场活动累计网络平台点击量超过4亿，委员议事厅走进观众新群体和界别群众，该活动有了更广泛的群众基础和公共性，展现新广度。让政协委员的议政智慧与民意更为紧密结合，更加深入各界别、各领域、各行业和各基层，深入群众和人心，议出新深度。注重把委员议事厅活动成果化，每场举办后注重收集整理活动现场委员嘉宾的发言重点、要点及线上线下网民的有关建议，集思广益，共同撰写形成一份有质量、可借鉴、可操作的社情民意信息，报送市委、市政府及有关职能部门作决策参考，形成高效议政闭环。四是新矩阵传播，大大拓展了委员议事厅影响的新空间。每场委员议事厅，协办方深圳新闻网都利用其新媒体矩阵渠道优势，协同新华网、南方+、《南方都市报》等中央、省市级媒体全部参与宣传与报道，使委员议事厅的好声音传递更广更宽更深，其影响力已经逐步走出深圳，走向全国。

五、通过新媒体，为抗击新冠肺炎疫情贡献政协智慧

2020年以来，深圳市政协组织及广大政协委员迅速响应，积极投身抗击新冠肺炎疫情之中；集思广益，发挥委员智库作用，迅速掀起建言献策热潮。特别是市政协主要领导多次深入抗击新冠肺炎疫情的第一线调研，收集医院、工厂、社区、隔离点的众多情况和建议，组织委员和机关积极撰写社情民意信息，通过互联网快速报送市委、市政府进行参考决策。随后，通过微信、邮件、委员履职系统等多种渠道，向全体委员发出《关于征集疫情防控有关社情民意信息的通知》。从大年初三伊始，市政协的全体委员掀起了提交社情民意的高潮，每一位委员把积极建言献策、投身疫情防控作为重要使命，从疫情防控到复工复产、从口罩生产到防疫物资快速调拨、从社会管理职能转化到信息化手段跟踪密接者、从网络上课到疫苗研制，在方方面面积极发挥了智库作用。在抗疫最艰难的阶段，许多委员在晚上十一二点还在各个讨论群里发声，热火朝天地进行讨论，形成了诸多时效性、针对性极强的意见建议。有些委员发挥本职优势，从专业的角度分析问题、给出意见。有些委员针对抗疫的现实情况，跨界、跨专业提出建议。据不完全统计，1—12月份深圳市政协全体委员共提交社情民意或相关线索、信息共计1300多篇（条），我们将大量的意见建议进行高度的整合整理，最后形成了与疫情相关的社情民意共计119篇，得到了市委、市政府相关领导以及其他部门的高度评价和肯定，在疫情防控的重要阶段，为全市的防疫工作贡献了政协力量。

此外，我们还充分利用新媒体，迅速掀起委员读书履职热潮。2020年7月，全国政协召开了委员读书交流会，深圳政协积极响应号召，第一时间组织委员读书活动，建立了11个读书微信群，结合“十四五”征编，收集了2000多条建议，为党委政府决策提供智力服务。我们体会到：宣传创新永远在路上，新媒体的运用前景广阔。

青岛市政协
运用新媒体　传递正能量　发出好声音

习近平总书记在主持中共中央政治局第十二次集体学习时指出，要加快推动媒体融合发展，打造一批具有强大影响力、竞争力的新型主流媒体。

当前，通过移动互联网发布新闻和各类信息，已被大众普遍接受，成为运用最多最广的传播方式。

加强思想政治引领、广泛凝聚共识，是政协的重要职能。宣传工作要发挥好舆论引导、凝聚共识作用，需要我们认真践行“专注发展、专心为民、专力履职”工作理念，牢固树立“深耕细作、深研细究”工作作风，立足人民政协新时代新方位新使命，主动借助新媒体传播优势，打通网上网下，连接政协内外，增强融合传播，发出政协好声音，凝聚政协正能量，展示政协新成果。

一、搭建平台、强化阵地

运用新媒体开展政协宣传工作是一项复杂的系统工程，需要资源投入、实践摸索、经验积累。在具体工作中，一方面要积极争取市委宣传部的有力支持，与市主流媒体新媒体的运行部门加强联系沟通，与市政府12345政务热线、《青岛日报》等建立长期合作机制，集中力量打造“倾听与商量”协商平台。结合年度协商计划，将更多的履职活动在新媒体平台上向社会公众展示，通过专栏文章、音视频采访、直播访谈等形式，为委员在新媒体平台上表观点、发声音、亮形象创造条件。另一方面，不断强化自身的“网（青岛政协网站）、端（智慧政协平台）、号（青岛政协微信公众号）”政协自有的新媒体平台载体的宣传阵地作用，形成宣传合力。

二、抓住时机、精准策划

运用新媒体开展政协宣传工作，必须适应分众化、差异化传播趋势，抓住时机、把握节奏、讲究策略，从时、度、效着力，体现时、度、效要求，积极制作反映人民政协履职为民的综合片。比如，为发挥好全会期间集中宣传效应，青岛市政协去年全会前制作拍摄了《搞活一座城政协在行动》电视专题片，以简练的解说和生动的画面，全方位展现了政协的工作，在大会开幕式直播之前，在青岛电视台黄金时间播放，向全市人民展现了“人民政协为人民”的生动实践。在展现形式上注重全方位推介。比如，青岛市政协学习借鉴全国两会往年开幕现场模式，在人民会堂两侧大屏幕滚动播放，增强政协委员的自豪感和成就感。利用“网端号台刊”，进行全方位展播，并推送给每一位政协委员。协调全国政协、省政协官微和头条、腾讯、青岛新闻网、半岛网、鲁网、信网等自媒体平台，在大会开幕当天全方位推送，点击阅读量累计达到了30余万。

三、聚焦重点、快速反应

抗击疫情是这两年非常重要的元素符号，青岛市政协把宣传政协及委员抗疫行动和协商建言成果，作为展示政协委员“为国履职，为民尽责”情怀担当的重要窗口，成立抗击疫情报道工作专班，进入“战时”状态，充分利用“网端号”和各报纸电视的新媒体平台，发挥好搭建的通讯员群、小组秘书群、机关工作群等通联作用，广泛征集各级政协和广大政协委员在抗疫一线的事迹，开辟《防疫阻击战政协在行动》和《用“智慧政协”防控疫情用政协智慧保障人民健康》两个专栏，各推出100期。以一个个想在前、冲在前、干在前的爱心行动，一条条有见地、有智慧、有担当的真知灼见，生动反映了广大政协委员和机关干部在抗疫一线的感人事迹和协商建议，凝聚起众志成城抗疫情的强大正能量。

四、把握规律、放大成果

利用新媒体平台展示政协履职成果、开展社情民意征集，可以促使政协工作更接地气，加深社会公众对人民政协制度的认知了解。运用广播电视等所属新媒体平台对政协会议活动开展全媒体直播，尝试进行VR360° 全景直播。针对疫情防控的特殊性，部分省外委员和港澳委员不能现场参加政协有关会议的情况下，对开幕式、大会发言、闭幕式等在“智慧政协”平台进行全方位直播，让所有政协委员都能身临其境、更直观、更全面地参与到大会现场。协调电视台利用最新的5G技术，在重要会议活动现场，设置融媒体直播间，邀请委员进直播间专访，仅融媒体采访占新闻报道总量的30%。

五、一次采集、多元分发

充分运用短视频、Vlog、H5、九宫格、海报、直播预告图等多种新媒体产品形式，全方位展现和解读政协工作。在解读市政协常委会工作报告和政协委员关注的话题时，如，委员关注的热点、社情民意信息反映集中的焦点、政协委员调研视察提出的痛点堵点等，设计制作新媒体产品200余个，让更多市民通过最直观、最生动的形式，参与政协会议活动中。对市政协重要会议进行录制，并对委员发言的视频进行单条剪辑，通过短视频、专题、海报单页等形式，进行二次传播和推送。对每一位接受专访的政协委员，设计制作海报单页（扫码看视频），并按照经济、外贸、科技、教育、卫生、交通、工业、互联网等主题进行分类总结，所有专访素材通过融媒体平台及时入库分类，经平台二次加工后再以“政协之声”形式进行播出。

六、争取支持、佳作频出

青岛市政协借助人民政协报青岛记者站的力量，在新媒体方面守正出新、守正出奇，从视频拍摄、标题制作、市场认知三个方面发力，利用人民政协网、公众号和“天下政协”平台，取得了较高的微信阅读量和外网转发量。首先，加强视频拍摄创新。去年制作的“祝福祖国”视频，国庆节当天微信阅读量就达到3500人次。运用摄像机和电影蒙太奇的拍摄手法，拍摄了“在青岛，等你”，微信阅读量达到5.5万人次，外网转发量达到百万人次，在中国共产党成立100周年、“十四五”规划开局之年召开的这次全国两会后，青岛市政协又联合人民政协报青岛记者站推出了请委员讲述爱青岛的故事，阅读和转发量再刷新高。其次，标题制作“吸睛”。人民政协报青岛站制作的“在青岛，等你”和“天下政协”中:《青岛市委书记在海边儿坐了一个半小时，到底想了啥？》《咋回事？因制作人民英雄纪念碑碑心石而出名的石匠村成了绘画村》等标题另辟蹊径，得到了读者的一致认可。在此基础上，加强市场认知。就像卖产品，没有销售量就不会被市场认知，就不会被受众接受。在移动互联网环境下，只要参与网络传播的过程，受众都可以成为新的消息发布源头——在接收信息时是“受众”，如果通过微信朋友圈、微博客户端转发，又变为“传播者”，转发越多、影响越大。

广州市政协
新媒体时代如何做好人民政协宣传工作

随着科学技术的飞速发展，新的媒体传播途径方式已经成为公众发布信息、表达诉求、抒发观点、建言献策的重要途径。下面，就如何认识新媒体带来的新挑战，运用新媒体为人民政协宣传工作服务，谈几点认识。

一、充分认识新媒体的本质和特征

新媒体就是利用数字编码、网络传输技术和人文社会关系，通过网络向终端设备以“多链式”的方式提供数字、文字、图片和视频等信息的传播形态。主要有以下几个特征：一是内容具有更强的广泛性。新媒体覆盖面广、信息量大、信息内容包罗万象，用户使用方便快捷，可精准对接靶向选择所需信息。二是参与具有更强的灵便性。新媒体背景下，各类应用软件、微博、公众号、自媒体等都是信息的载体，任何用户均可以借力各种终端随时随地地表达自己的观点，信息互动的参与载体与内容形式均更加灵活、丰富，更具有个性化。三是互动具有更强的自愿性。在传统媒体的互动关系中，信息传播者与接受者是单向交流、彼此分割的，而在新媒体平台中，发布、评论、反馈等环节均具有较强的主动性、主观性和自发性特征，而且每个新媒体的使用者都可成为信息传播的发布者。

二、充分拓展宣传工作的新路径

（一）强化责任意识，提高综合素质

新媒体时代舆论环境错综复杂，作为新闻宣传工作者要有强烈的工作责任意识。

1. 提高对新媒体平台的认知、驾驭能力。近年来，广州政协充分利用当地资源，采取“走出去”和“请进来”的方式，多次组织新闻联络员到广州多益网络、欢聚集团、《广州日报》融媒体中心参观学习，邀请多名专家利用“政协大讲堂”讲授新知识、面对面研究新媒体传播机制和特点。

2. 组织门户网站和微信公众号编辑和运维人员不断学习新知识、新技能，丰富新媒体运营技巧，熟悉内嵌链接、电子图文排版、稿件页面美化、互动项目插入、关联小程序管理等模块的操作，使宣传工作内容更丰富、结构更饱满、体验更精彩。

3. 引导新媒体编辑人员掌握一定的新闻传播、社会心理领域的相关知识，联动管理政协门户网站、“穗协通”、微信公众号等多个新媒体宣传平台，通过交叉互动，深入研究新媒体环境中民众对宣传内容的新需求、新期待、新要求，力争对委员的宣传报道具有亲和力，使正面信息成为主旋律，提高宣传内容的覆盖面和影响力。

（二）开拓宣传新模式，开辟传播新路径

1. 充分利用新媒体覆盖面广、信息量大的特点，适时选择各领域先锋模范人物的先进事迹，消解舆论中的消极倾向，营造积极向上、奋发和谐的文化氛围。2020 年疫情期间，市政协主要领导在党组会上提出“要加大对抗疫一线委员的宣传力度”的指示后，秘书长黄洁峰立即组织新闻宣传处和驻穗各媒体召开“诸葛亮会”，提前做好谋事布局工作。广州市政协先后与市委宣传部、市疾控中心、市第一人民医院、广州呼吸健康研究院等

10余个部门和单位协调沟通，对精心挑选出的6名在广州抗疫一线的“实力派”委员，分4次组织近20家媒体进行了采访。各媒体充分利用新媒体矩阵多渠道刊发宣传我市医卫界委员抗疫事迹报道100多篇，其中《广东首次出现单日“零新增”专家们怎么看》视频新闻点击率超过33万，此次活动充分传递了正能量，弘扬了主旋律，及时发出了广州政协声音，更好地发挥了正面引领、凝心聚力的作用，展现了广州新时代模范政协委员的战“疫”风采。

2. 充分发挥线上宣传模式的优势，依托门户网站、官方微信公众号，及时发布图文合集、影像资料、通讯稿件等，拓展特殊时期的宣传渠道。广州市政协十三届四次会议是在2020年6月份召开的，由于疫情原因，会议邀请媒体和记者的数量不足往年的十分之一，如何在有限的时间内，尽快传递好政协的声音是摆在我们面前的难题。经过和几十家媒体沟通协商后，我们与信息办合作，在门户网站上开设了会议专题栏目，24小时向媒体开放。会议各议题结束后，工作人员按照分工，分别撰写通稿、遴选照片、编辑视频，确保在一个小时之内全部资料发布在专题栏目上，供未到会的媒体和记者转载报道。据不完全统计，各媒体共报道会议情况近300篇，报道量超过了往年。

3. 充分利用微信公众号、自媒体等信息载体和在广播类应用软件中开设官方有声内容，定期发布有声读物，宣传方针政策，解读理论难点，讲述模范故事。2018年，“广州政协”微信公众号正式开通以来，我们不断打造品牌栏目，开创特色栏目，按照新媒体的特点，用一图读懂、H5、短视频、微直播等多媒体手段展现广州市政协的各项工作、精品提案、调研活动、委员风采等内容，提升原创稿件的质量和数量。2020年，人民政协报·人民政协网对全国各省政协及地市级政协的微信公众号进行收录和数据分析，利用“政协微信公众号声量指数”进行计算，广州政协微信公众号入围前 20 名榜单。我们还在广州广播电台开设了“政协委员话民生”节目（广州电台 FM96.2），每月邀请 4—6 名市政协委员就社会民众感兴趣的问题进行直播讨论，并将直播录音发布在广州政协门户网站、广州政协微信公众号、“花城 +”和“花城 FM” App 等新媒体上供听众随时收听。

4. 积极利用新媒体创新宣传报道的手段和方式，“广州政协”微信公众号利用“Vlog+ 时政新闻”模式提升原本以文字、图片形式记载的报道方式。Vlog（视频博客）具备真实记录的天然特征，可在时政新闻报道中起到“去宣传化”的效果。同时，它的表现形式和语态属性也利于互联网传播。所以，2021 年，“广州政协”微信公众号开设原创栏目“委员访谈”，在对委员进行采访时，除了常规的采访拍摄，还通过拍摄 Vlog，制作短片以及结合图文展现委员风采。此外，“Vlog+ 时政新闻”模式还运用于对领导外出调研工作进行动态报道，以更创新更具体更全面真实的方式记录政协工作，并形象生动地把工作成果呈现给人民群众。

网络技术使得工作实现信息网络化，工作信息可以通过网络进行双向的互动传播发布，增加信息传播量，提高新闻更新速度、改变叙事手法、改革过去的单向传播情况。在新媒体时代，准确把握政协宣传工作的新形势新特点，可以通过有效运用现代信息网络技术和手段，利用新媒体平台与传统媒体相结合，使之成为助力传递委员声音的重要途径，倾听反映社情民意的重要渠道，形成报道合力，提升政协委员履职实效。今后，我们将继续发挥新媒体在宣传工作中的作用，用小故事、小片段反映政协工作大主题，呈现政协工作的大图景；我们将继续用质朴的语言、生动的笔触、温暖的画面，礼赞我们这一代政协人的责任和担当。

台前
幕后

我们的“幕后”工作

记者 | 梁春武 |

3 月 11 日早上 6∶30，一个同事发布在朋友圈的内容打动了我：“结束，又一年。”配图是刚刚苏醒的北京。

是的，当大部分人准备从床上起来洗漱并迎接新一天的时候，我们的工作才刚刚结束。而所有经历过人民政协报两会报道的人都知道，这是每年的“日常”。

正是这些“日常”，成就了人民政协报每年两会报道的精彩。

2020 年全国两会因疫情推迟，报道工作也面临着会期缩短、上会记者锐减等现实考验。从那时起，每年大会闭幕前后，我们会推出一个“特别报道”，记录本报为数不多的上会记者的点滴感悟，没想到一经推出，就大受欢迎——不仅读者从中感受到了媒体人在两会新闻大战中的“紧张刺激”，而且同行也称赞说这是讲好政协报人两会故事的好载体。

“惯例”就这样形成了。

今年是第三年，两会从推迟，到如期，再到如常，我们已经适应并喜欢上了这样的节奏。当这个报道再一次即将推出的时候，看着一线记者的“台前”心声，报社后方的“幕后”点滴也一一浮现：

—— 策划：报道成功与否，策划是关键。两会 3 月举行，1 月就已开始策划，紧盯三个核心要素进行谋篇布局，即要宣传好习近平等党和国家领导人与代表委员共商国是、宣传好两会各项重要议程、宣传好代表委员议政建言。做到这三点，就是要做到“顶天立地”。以此为出发点，我们策划了“总书记讲话后，委员们拨通了他们的电话”融媒体报道，第一时间将总书记的讲话精神传递给基层群众，并共话贯彻落实；我们推出了“新闻发言人的‘言值’”“我在现场”等独家报道，重点关注两会新闻发布会、代表通道、委员通道、部长通道；特别策划“议政建言”版面，将人民政协人才荟萃智力密集的优势在版面上精彩呈现。

——协调：设想是美好的，但如何落实，后方的指挥调度协调是关键。每日早晚，两次策划协调会，按照计划安排部署工作，并且根据日程及时进行选题策划，这是两会报道成功的根本保证。“他们‘缺席’会议，未缺席履职”就是在这个会上根据前后方情况做出的一个独家策划；上会记者少，我们就发挥优势调动委员的积极性，独创了特邀委员记者行动，持续三年，被很多同行羡慕、肯定甚至借鉴。这次 5 个行动组联系委员 200 余人，组长们每日前后沟通，做到了“人无我有，人有我精”；驻地记者一人一处，好处在于所在界别的情况掌握比较快速便捷，但对于全局关注较少，需要后方及时沟通指导，也正是在这种密切沟通中，产生了很多临时策划，成为报道的亮点。

……

无论台前，还是幕后，我们的目标都是一个：生动记录大会盛况、履职风采、民主成就。

我们努力着，也会一直努力!

你好！再见！

记者 ｜韩 雪｜

你好！ 6 天前，我们这样问候着政协委员。转眼间，就到了该说再见的时候了。

时间飞快，让我铭记的不仅是这短暂 6 天内的丰富和忙碌，还有分布在此前 4 个 365 天里对他们的每一次走近、探索与理解。

经常做人物报道，养成了一种习惯，对着委员这个群体和每个个体，我总是习惯性地保持注视。

注视的同时，我总在想：政协委员到底是一群什么样的人呢？就我认识而言，他们是一群蓬勃有力的人。

于个人，他或她都活得积极勇敢、有声有色，大部分人经过努力奋斗，多少都实现了早年的理想或是抱负。

于界别，他们优秀到足够出众，因而能够被选择出来，作为某个界别群体的代表，站出来为这个群体发言。

于国家，他们又是一群肩负荣誉和责任的人，往大了说是为国履职、为民尽责，具体而言得要懂政协、会协商、善议政，守纪律、讲规矩、重品行。

对他们中每一位多一点了解，总会丰富一点我对这个世界的认识，增添一点感受。

他们的理性一面，常常充实着我文章中的观点或者论据，帮助我于纷乱信息中抓住一些可靠的基础。而他们感性的流露往往更加可贵，让我仿佛于人性的深处走了一遭。

而注视得越久，我越发感谢他们，这社会本没有义务教会我点什么，但他们却总能够教给我点什么。让我身心疲累时，知道前方有路、头顶有光。

再见！当我也说出这两个字时，心中涌起的，既有不舍，也更期待。

这，是一种幸运

记者 | 吕 巍 |

虽然大会的时间缩短到 6 天，但由于疫情防控的原因，记者需要提前封闭，因此，工作周期长达 10 天以上。

“5+2”，白加黑——白天听会、采访，穿梭于人民大会堂、委员驻地、全国政协机关之间；晚上构思、写稿、编稿，奋战到凌晨。忙碌完两会全程，对年龄已“40+”的我来说，实在是一场“恶战”，是对脑力、精力、体力的巨大考验。

但很奇怪，虽然过程辛苦，我却时常从心底泛起涟漪，觉得自己能从事这样的工作是一种幸运：在“委员通道”现场，看到港区全国政协委员霍启刚面向镜头，为全国人民对香港抗疫的帮助弯腰鞠躬时，我会这样觉得；在全国政协常委会议厅，亲眼见证全国政协委员优秀履职奖获得者领奖时，我会这样觉得；在人民大会堂听到委员们对发言内容报以热烈掌声时觉得；在闭幕式后和其他媒体工作者接受全国政协主席汪洋看望的时候，我更会这样觉得……我是幸运的，我所付出的一切都是值得的。

在忙碌中，我听到了不同阶层、不同界别、不同领域的声音交汇、碰撞，看到了政协委员充满活力的议政图景，感受到了全国人民万众一心奋发向上的精神风貌。用一支小小的笔记录这个大大的时代，令我满心欢喜，我愿意通过自己的努力让中国故事、政协故事在会场内外流传，也愿意努力跟随时代的脚步贡献社会、充盈自己。

无论现在，还是未来。

花与赏花人，皆动人

记者 | 司晋丽 |

犹记初到驻地报到那天，在走廊的玻璃窗前，一丛标注着“梅花”的植物，枝条上光秃秃的。今早路过时，惊喜地发现，一簇簇粉红色的花朵已经站满枝头，开得很是热闹。

草木萌动、春驻满园已是美景，但更动人的风景，还是身边一位位胸有成竹、谈笑风生的政协委员们。这一年，委员们将汪洋主席“国之大者就是责之重者”的嘱托铭记在心，踔厉奋发、笃行不怠。

吴德刚委员去年是忙碌而充实的。他告诉我，去年履职中主要做了四项工作：两会期间走上“委员通道”；在“委员讲堂”讲述中国共产党百年光辉历程和共产党人革命精神的精髓与力量；作为全国政协重大专项工作委员宣讲团成员赴各地展开党史宣讲；在《人民政协报》发表了多篇党史学习文章。

在社科32组最后一场小组会议上，陈宝生委员精心准备文稿，就“双减”的来龙去脉作了解析和展望。即使已经卸任教育部部长，教育公平和社会焦虑仍旧是他心之所系。

作为读书群群主，王震中委员已经开始筹划即将开展的“文明溯源”读书群的事。把中华文明讲得清爽明白，是一个历史学者的重任。

农业现代化、种子、妇女儿童权益保障、适老化改造、俄乌局势……许多委员借此机会将积攒一年的问题向专家委员求解，以提高履职水平。今年年底，大家要奉上的将是五年期的、更加沉甸甸的履职答卷。

此刻，我隔壁的新华社同行，正捉刀刻画闭幕式侧记；我对面房间的人民日报同行，也与我一样正敲打着电脑键盘。我们的电话也不时响起，不断有委员讲述自己还没来得及讲完的话题。

有累有欣慰

记者 | 孙金诚 |

弹指之间，全国两会已经接近尾声，在疫情防控进入常态化阶段，作为报社派出的驻会记者进驻“闭环管理”的驻地，今年已经是第三年。

正所谓“年年岁岁花相似，岁岁年年人不同”。虽说今年进驻的驻地和去年一样，但是委员界别却调整了，今年驻地有文艺、医药卫生、台盟、台联、特邀 5 个界别的全国政协委员。文艺界和医卫界是每年两会备受关注的界别，但在日常工作中，我和这两个界别的委员接触较少，对很多委员只知其名，不知其人，进驻驻地前，心里还是七上八下的。不过，等真正到了会上，我发现自己很快便被委员们的热情点燃了。

两会期间，我有一个明显的感觉，就是委员对重大的敏感的话题不回避，在讨论时敢说，甚至还会针对同一个敏感热点话题讨论非常热烈，碰撞思想的火花。在感受了一波又一波的头脑激荡之后，在一篇篇倾注了心血的稿件面前，身体上的疲劳、时间上的紧张、工作上的焦虑，似乎都变得无足轻重。

每逢那一刻，我总是在想，这应该就是两会所具有的巨大魅力，让人就像陷入恋爱一样，有美妙有折磨，有累有欣慰，情迷两会的记者中，恐怕有你有我也有他吧！

无惧年龄继续前行

记者 | 包松娅 |

记得第一年上会是在2006年，手提电脑还是“奢侈玩意儿”。驻地是一家部队招待所，记者房间连电脑也没有，但这样的条件丝毫也不影响一个年轻记者的好心情。记者“蹲守”报到处、打印室、饭厅、会议室……在本上记录下精彩的“新闻瞬间”，等中午散会赶紧跑出招待所，在路边网吧里敲下一篇又一篇关于人民政协的“初印象”。

记忆如昨，人也不觉中年。过去的两会时间里，记者跑过大会程序，做过驻会记者，当然也有像今年这样，除了完成重要策划选题之外，还要去现场参加“委员通道”。

向委员提出最想问的那个问题：“在今天这个伟大的新时代，您认为我们又该如何去书写新闻工作者的责任与担当？”

作为“老”记者，这个向孙德宏委员提出的问题，是替新闻同行们问的，问出的也是记者自己的心结。这个“结”来自一个中年女记者理想与现实之间的困惑，家庭与事业之间的困惑以及职业瓶颈期的困惑。如果说今年两会，什么是记者最大的收获？莫过于来自孙德宏委员的亲自“解答”。这个六获中国新闻奖的“老”新闻人，以自己一生的学养“现场教学”：新闻人也是普通劳动者，只要兢兢业业工作、认认真真做人，无论以哪个身份在什么阶段创造的点滴价值都值得尊重。心里顿时释然：有什么可纠结的呢？就像孙德宏说的，给自己暗暗地加加油、鼓鼓劲。

去做自己吧！只要心中还有追求，那就打起精神，无惧年龄，继续前行！

12 年后归来，却惊界别殊

记者 | 刘喜梅 |

按照中国人的算法，12 年是一个轮回。

12 年前，我第一次以政协报人的身份报道全国两会时，就是在我这次驻会的酒店——北京会议中心。当时，我采访的第一位委员来自体育界。今年，北京会议中心同样是体育界委员的驻地。

我特地在 3 月 9 日上午来到体育界小组讨论会现场，聆听委员们就界别关注的热点话题发表意见。选择来到体育组，一是因为自己现在主要负责健康领域的报道，体育界委员的讨论热点与我的关注领域密切相关；二是也想用这种特别的方式怀念一下自己 12 年前的第一次上会。

受疫情及冬残奥会赛事等因素影响，这一场小组讨论体育界只有 8 名委员参加，但在中场没有休息的情况下，8 名委员仍足足讨论了两小时。与 12 年前我对体育界委员不善言谈的整体印象相比，这场小组讨论则让我对体育界委员的印象完全改观。不管是来自体育产业领域的委员，还是来自体育教育领域，抑或来自体育管理部门的委员，他们的发言准备之充分、讨论之深入，都让我折服。我边听边记，心底突然涌起莫名的感动。

一个界别委员履职能力的变化，也是一个时代变化的缩影。我何其有幸，12 年来一直在见证并记录着这个时代，记录着影响、促进时代发展的人。这样珍贵的经历，值得我在继续前行的路上，一直向着春天。

“不听劝”的特邀委员记者

记者 | 王 硕 |

凌晨两点，再次收到了凌振国委员发来的稿件。

“抱歉，我紧赶慢赶刚弄好，抓紧发给你，想第一时间把这些‘好声音’传播出去。”凌委员留言说。

这已经是他受邀成为人民政协报特邀委员记者的第三年——晚上写稿至凌晨两三点，白天还需全身心完成会议各项工作，在自己发言、参与讨论的同时，再记录、拍摄其他委员的履职过程。大会多少天，他就重复这样的日程多少天，年年如此。

今年因为眼睛问题，医生一再嘱咐他少看电子屏幕。

“您多休息休息！”记者忍不住劝他。

“我知道啦！”他每次都这样回答。可到了晚上，一篇篇认真撰写并经过仔细校对的长文依旧发来。

3 月 9 日，最后一次小组讨论结束时，记者再次收到了凌委员的文章。他说：“我所在的社会福利和社会保障界别比较特殊，其中有很多残疾人委员。看到他们积极履职，每次都深受感染。我想尽我所能，把小组讨论会上委员发言的真知灼见报道出来，让更多人知晓广大政协委员为国为民建言的担当作为。所以，我想完成好本次会议上最后一篇‘委员作业’……”

7 天时间里，6 篇稿件，原文超过 2 万字；10 多张照片，“委员出镜”记录履职过程，其中拍摄高晓笛委员“无声”建言的视频获赞无数……其实，凌委员只是众多“笃行不怠，勤勉履职”委员的缩影。作为已参加 10 多年两会报道的记者，深知那一件件提案、委员睿智建言背后，凝聚着多少心血，饱含着多少深情。“胸怀大局、心系发展、情牵人民、胸有良策、肩有担当”，用来形容一位位积极履职的委员再贴切不过。

这就是记者每年两会报道时遇到的人，看到的事，收获的感动……

委员是我们的什么人?

记者 | 崔吕萍 |

匆匆，又到全国两会的分别时刻。今年是十三届全国政协的最后一年，委员报到伊始，一种说不清的情绪弥漫在整个驻地。好在很快，大家就把对政协平台、对自身政协委员身份的珍惜，转化为小组讨论中一个又一个精彩的争鸣瞬间。作为驻会记者，我们是见证者，更是多场头脑风暴的“被席卷对象”。

上会报道不是件轻松事，但守着驻地这方小天地，我们自有乐趣。

犹记得全国政协十三届一次会议时，也是在驻地，我们翻着自己准备的新委员卡片，确认着眼前一位又一位委员的身份，那是一种寻宝般的乐趣。认识久了，我们彼此之间的信任与日俱增，及至驻地，令人感动的一幕幕出现了——由于驻地小组界别每年都换，这就意味着我们每年都会遇到新面孔。在不摆桌牌的情况下，只要会场里有一位熟识的委员，我们都有把握把他发展为“策应”——感谢“策应”，如果没有您，我会忙到把自己变成一支队伍。因为有您，我会觉得眼前这支委员队伍，团结得就像一个人；由于驻地电话直拨分机号就能打通，因此为了和委员约采访，我们会在吃饭时去“偶遇”他们，要到分机号，回来一个电话打过去，聊上几个话题，这种最纯朴的沟通方式，让我们温暖。

一届五年，年年不同，五年一届，届届精彩。报社有前辈服务过七届政协，即便如我般后来者，也已完整见证了两届委员的履职经历。一开始，他们是我们眼中的精英、长者；慢慢地，他们变成了我们身边一群特殊的

记录他们也是给养自己

记者 | 修 菁 |

跑两会多年，这次是最忙也是出稿效率最高的一次。我惊讶于自己能够每天睡眠不足 6 个小时，连续 6 天连轴转，落笔的此刻，离闭幕式举行只剩 8 个小时，为何精神依然亢奋？

“你那么忙了，为何还没活找活，总在码字？”几天来，不断听到同事和工作小组同仁问我这个问题。想起马尔克斯写在《活着是为了讲述》扉页中的话：生活不是我们活着的日子，而是我们记住的日子。记者职业的使命和乐趣，不正是如此？

“《我和我的祖国》这首歌的旋律一响起，就好像唱出了我心底流淌的东西，我深爱这个国家，才这么努力地工作、履职……”和刘红宇委员沟通《我是委员》视频录制时，她说。

“为何总被信任，被党派中央委以重任？”当采访 2021 年度全国政协委员优秀履职奖获得者连介德委员时，他说。

每年两会报道，我都把它当作一年工作的蓄能之旅。今年上会报道让我坚信，我深爱记者这份职业、总想在报道一线的缘由是：我对一个生命缘何成为“今日之 Ta”的持续好奇。

一个国家由一个个具体的生命体构成，由“Ta 们”来创造。在每年一度的“春天的盛会”里，去走近这些有强烈起而行之行动力、使命感的生命个体，去记录经过他们的鼓与呼，把那些百姓关注和念想的愿望梦想照进现实，这样的职业经历又何其难得？在聆听和记录中，我也听到心底那个成为更好自己的声音，去行动，去改变，去见证和记录改变！

志不求易者成

记者 | 刘 彤 |

“11+5+1”，这是我今年参加两会的成果：编辑制作11个版面（其中包括8个“委员报道”版，3个特别策划版）；5篇自采稿件；录制1期视频节目《政协正解》。

上会已6年，今年最忙、最充实——3日下午参加全国政协十三届五次会议新闻发布会并得到宝贵的提问机会，请新闻发言人郭卫民回答全国政协开展人口老龄化相关工作取得的成效；3日晚上开启“夜猫子”模式，一般从下午3点开始，会陆陆续续收到前方记者和委员们的来稿，然后抓紧时间挑选合适的内容和照片进行编辑处理，最后忙完版面几乎就到了凌晨两三点，这种状态一直持续到10日晚上；录制一期融媒体节目《政协正解》，这档节目以小剧场的方式传播人民政协知识，风格轻松幽默。节目一经推出就得到了报社同仁和委员的广泛传播和认可，我也从中收获颇丰。

这期间，难忘瞬间有很多：大会发言人郭卫民现场点赞人民政协报过去一年的报道；夜班时间收到前方记者和委员们的问候；在报社强大的智囊团指点下，几易视频脚本，最终完美呈现；跟着三位“95后”小姑娘玉祯、余妍、信鑫学习视频拍摄和后期制作，从中让自己变得更有趣……由衷想说：志不求易者成！感谢人民政协报社给我们青年记者们提供的广阔平台，生逢盛世，吾辈定当努力，不负时代！

在线履职别样精彩

记者 ｜ 刘圆圆 ｜

做了 10 多年的文字记者，今年两会踏上了一方“新舞台”——网络视频采访间。

除了参加日常的小组讨论、与委员面对面交流，更多的是在视频采访间将委员的真知灼见传播出去。

今年的华彬驻地与往年颇有不同。由于香港疫情形势严峻，为了能让更多港区委员现场履职，大会秘书处和华彬驻地前期做了不少工作和调整：区分会场和用餐区域、分开乘坐电梯、划定乘车线路……委员们对此表示理解和支持，纷纷点赞说：“内地的疫情防控真值得我们借鉴和推广。”

委员们在遵守疫情防控规定的同时，也尝试新的履职方式：线下少聚集，大家就线上交流；不宜到采访间，就改为房间内视频连线——有限的网络采访间被无限地扩展了。据不完全统计，6 天会期，采访间连线 20 余场次，三四十家海内外媒体参与。一些因疫情原因没有来北京参会的港区委员，通过网上委员履职平台多角度参与两会，并通过自媒体平台积极传递两会声音。更有不少委员主动来到视频采访间。“我可以用这里录个像吗？”“我想在这里做个小直播。”“大家好，我是全国政协委员某某，我今年关注的议题是……”

网络让委员履职的形式更多元，精彩的两会声音正在线上传播开去。

第一次做驻地记者

记者 | 齐 波 |

2月28日是进入驻地闭环的第一天，我早早归置好行李箱及采访设备，怀着忐忑的心情到驻地报到。这是自打我2015年上会以来，第一次整个会期都在驻地采访报道。

忐忑，是因为以前历次全会都是参与大会的程序报道，实际工作可以说是“大而全”：新闻发布会、委员通道、大会发言、小组讨论会……经过一番梳理，才终于找到了门道。

根据会议的安排，在各个委员驻地搭建的网络视频采访间，也是本次全会媒体报道的重要一环，我和人民政协网视频部同事担此重任。我们在大会开幕前三天便做足了功课，调试线上采访系统、采访间灯光等软硬件设备，一切准备就绪，静候大会开幕。

心里有了底，工作开展起来就游刃有余了。从首批委员到驻地报到开始，视频间的采访录制便有条不紊地进行，到大会闭幕，共完成50多期委员的线上采访及录制，受到委员们的点赞！

在报社媒体融合的背景下，我和网站同事主动策划，推出“两会·我在现场”小视频栏目，结合两会热点关注，及时选取委员关注的热点话题，发挥短视频可读性强、传播速度快的优势，推出20条短视频，全网点击量过千万。

一届政协缘，一生委员情！今年是本届政协最后一次全会，作为摄影记者，除了常规采访拍摄任务外，我利用休息时间，主动为驻地各界别委员拍摄大合影，定格委员们议政建言的精彩瞬间，留住在政协大家庭的美好记忆。

第一次做驻地记者，用手中相机定格永久记忆，备感荣幸！

我在现场

记者 | 徐康辉 |

3 月，是我入职人民政协报社一周年的月份，也是我第一次参加全国两会报道。

闭幕那天，李云才委员对我说："康辉，我们拥抱一下吧，谢谢你！"其实，我和李云才委员刚认识，聊了 40 分钟。他谈到恩师袁隆平时，眼中闪着泪光；"刘委员，您是不是忘了啥啊？"听到我说话，刘红宇委员才意识到采访已持续 10 多分钟了，只不过，我们是在理发店。原来，3 月 4 日这天是农历二月初二，她去驻地理发店理发，顺便和我聊起了她的提案以及参会感受，结果忘了时间；国际劳动妇女节前一天晚上，我们摄像小组一夜未眠。第二天清晨 6 点，《两会"她"力量》视频最后一个镜头终于有了着落：高晓笛委员用手语祝福，此时无声胜有声；以上片段，都是我参与制作的《两会·我在现场》系列视频里的动人瞬间。

6 天半的时间，《两会·我在现场》共 20 期，全网点击量过千万；共 51 位委员做客视频采访间，我们共拍摄影像超 600G，照片 4581 张；驻地半数以上委员戴着人民政协报社文创口罩合影留念，传播了口碑……

闭幕会时，看到委员们在人民大会堂合影留念，我的心情难掩激动。这是我第一次如此近距离地见证全国两会盛况。作为一名新人记者，这是何等的荣幸啊！

"两会结束了，好好休息休息吧兄弟！"驻地新闻组老师如释重负地说。

"我看到还有委员没走，肯定还有新闻。"齐波老师接过话茬。

"那我们明天再走！"我们异口同声说道。

胖熊猫：未完待续

记者 | 田 涛 |

主任说："熊猫今年整挺好啊，来两句感言呗！"

妈呀！"幸福"来得太快，就像龙卷风啊！

今年这个"我是委员"的策划动脑和下手还算早，两会前用了6天采访拍摄了8位全国政协委员，结结实实地"亲历"了一把他们的"一程履职路·一生政协情"。

遵照先网后报的原则，视频从3日开始发布，前面8期1期1位委员，怕不过瘾闭幕当天的最后1期还搞了个热闹的混剪版，九九归一，挺利整儿。

流量嘛，还行——发在百家号"熊猫委员汇"上的，期期20万+，要再加上咱报社自己个儿的发布矩阵，负责任地讲，总量过亿，高高儿的！

对了，有几期一没留神火了，各种"榜"上有名，网友点赞、委员认可、领导满意，而熊猫只是平静地（强行压抑着内心的各种情绪）说：搞事业（情），我们是认真的！

熊猫新媒体工作室"我是委员"经过两会的洗礼（试水），证明是可以也应该继续做下去的项目，而且已经收到委员的预约了，所以"一程履职路·一生政协情"，未完待续！

一切美好皆是序章

记者 | 牛忠磊 |

乡村振兴、数字经济、人类命运共同体、教育改革、疫情防控……这些，是大数据给出的两会话题热搜 TOP10。

《见证双奥中国骄傲》《激发中国农业新动能》《读懂“数”字计算未来》……议政建言版呈现给读者 10 篇大作、佳作、美作。

特别策划报道组会前拟订的 10 个选题，和大数据汇总的两会十大热搜话题竟然有 7 个相同，让大家有点儿小得意。

凡事预则立。好的策划是成功的一半，为做好今年两会报道，特别策划小组连续开了几场碰头会，围绕“奋进新征程、建功新时代”的主题，分析研判当下社会热点话题，并就话题选定、写作要求、目标委员、版面呈现、语言风格，事无巨细、严谨策划、反复斟酌，最终确定了议政建言版的执行方案。

兵贵神速。拿到方案，报道组的 10 位资深记者立马开动，就相关话题具体研究确定提问问题，联系委员或当面采访，或远程连线。一问一答中，体现人民政协的“建言”特色和话语权，展现政协委员的参政议政风采。

委员“言值”在线，读者不吝点赞。报道推出后，受到了各界的广泛认可。《“双减”落地希望升空》等稿件在客户端当天阅读量即过万，转发、点赞、“在看”不断；《大医学大卫生大健康》等见报后，媒体同行纷纷转载，王辰委员特地发来消息感谢报道团队的付出。

7 天，10 篇选题深刻、分量十足的大文章，编辑记者通宵达旦字斟句酌。“议政”群里，轻松欢快时刻在线：今天让“上岸”者请饭，明天把“群主”调侃，大家不时鼓劲打气，直至报道完美收官。

辛苦归辛苦、劳累是劳累，策划组成员病倒在了工作一线，编辑记者熬出了“熊猫眼”，但10篇整版的报道放在一起，资深记者联袂政协委员，就各领域建功新时代做了如此“高大上”的全面报道，一切的付出都是值得的。

大家心里都美滋滋的。报道圆满落幕、征程刚刚开启，一切美好，皆是序章。

后 记

当你阅读到这里，对于网络新媒体在人民政协新闻宣传工作中的实践与发展一定有了更直观的感受。

在《政协新媒体发展观察（2022）》一书编写过程中，我们通过大数据技术进行信息收集、统计和分析，旨在数字时代、新媒体传播格局下，更全面、客观、真实地向读者展现人民政协新媒体发展现状。这不是第一次通过大数据手段洞察人民政协新闻传播的特点和亮点——2020年，人民政协报、人民政协网对全国各省级、副省级、地市级政协的新闻宣传相关数据进行收录和分析，系统总结政协年度声量特点、新闻传播趋势，并提出研判与建议；2021年，人民政协报、人民政协网以涉“政协委员工作室（站）”的新闻报道数据为样本，研究了政协委员工作室（站）的建设模式与成效，深入挖掘了政协委员工作室（站）的政务价值。

这一次，整个报告按“数”说政协、专家解读、典型案例进行采写汇编。这期间，编写团队兵分三路，一路是大数据技术部面对海量数据不断优化数据模型，进一步将区县级政协数据纳入数据库，从热点提案、人民政协网络声量、传播平台和热词分析等多角度呈现地方政协网络新媒体发展建设的新局面；一路是专家采访，从不同界别、不同领域的政协委员到深耕传媒领域的专家，他们的讲述为人民政协新闻宣传工作提供了更多思考；一路是面向各地政协征集优秀案例，在地方政协的新闻宣传工作中，不乏一些“因地制宜”令人眼前一亮的新媒体实践，这些成功经验有助于我们打破对政务新媒体和传统媒体的思路限制。所以，从“数”说政协、专家解读、典型案例，再到新闻记者的台前幕后，本书是对政协网络新媒体发展的全方位观察，初衷是借助数据手段，整合资源，为提升各级政协组织新闻影响力提出合理化的对策建议。

2022年4月，中共中央宣传部印发《关于推动出版深度融合发展的实施意见》。意见围绕加快推动出版深度融合发展，对构建数字时代新型出版传播体系提出明确要求。此意见发布时，恰逢本书编写完成，按此意见要求，媒体融合将立足扩大优质内容供给、创新内容呈现传播方式、打造重点领域内容精品，这也正是本书编写团队在编写和未来传播中将坚持的理念。

值得一提的是，本书中的数据榜单是基于我们已常态化发布的“商靓榜（月度榜）”和“政能量榜（周榜）”的数据基础而来，从榜单发布伊始，受到了各地政协、各界人士的关注，榜单所体现的榜样力量，榜单上的新闻以生动鲜活的事例讲好中国故事、政协故事、协商民主故事，积极宣传中国共产党领导的多党合作和政治协商制度，不断彰显社会主义协商民主的优势，展现了新时代人民政协的新气象、新作为。在此基础上我们不断丰富榜单的数据标签，优化榜单的数据模型，完善榜单的发布机制，这次它以全新的结构出现在大家视野，内容更丰富，分析更全面，互动性更强，挖掘了更深层次的政协内容。

回想本书的成稿过程，感谢蚁坊和智慧星光数据团队为本书提供的支持，感谢编写团队各位小伙伴，他们对于数据一遍遍地计算，对文字不断地探讨与梳理，背后是每一个人对本书秉承的严谨态度。同时，也感谢为本书提供指导的各位政协委员，是他们拓宽了我们的观察视野，感谢各级政协组织为我们提供的宝贵经验，他们身在政协新媒体实践与发展的第一线，期待与各地政协能有更多深入交流与学习。我们深知，数据分析是一个不断完善的过程，道阻且长，行则将至，行而不辍。由于编者水平有限，难免有差误，敬请指正。

2022 年 5 月 6 日

图书在版编目（CIP）数据

政协新媒体发展观察. 2022 / 人民政协网编. -- 北京：中国文史出版社，2022.6

ISBN 978-7-5205-3543-4

Ⅰ. ①政… Ⅱ. ①人… Ⅲ. ①中国人民政治协商会议—工作—文集 Ⅳ. ① D627-53

中国版本图书馆 CIP 数据核字（2022）第 094790 号

责任编辑：梁　洁　　装帧设计：杨飞羊

出版发行：中国文史出版社
社　　址：北京市海淀区西八里庄路 69 号　邮编：100142
电　　话：010-81136601　81136698　81136648（联络部）
010-81136606　81136602　81136603（发行部）
传　　真：010-81136677　81136655
印　　装：北京地大彩印有限公司
经　　销：全国新华书店
开　　本：787mm × 1092mm　1/16
印　　张：17.25
字　　数：220 千字
版　　次：2022 年 8 月 北京第 1 版
印　　次：2022 年 8 月 第 1 次印刷
定　　价：89.00 元
